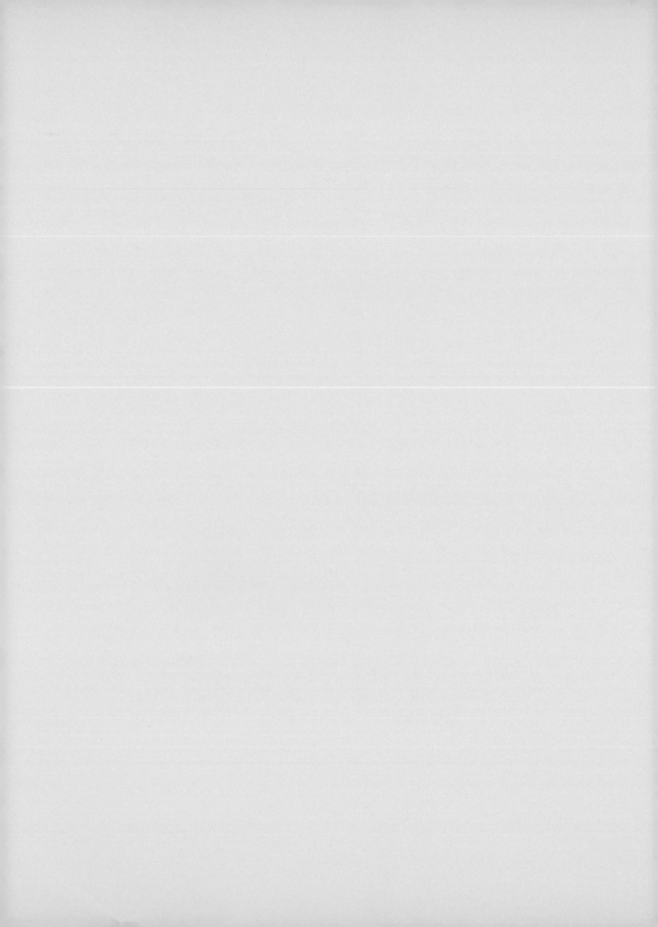

모바일로 쉽게 배우는 영상 편집

처음 만나는 루마퓨전

처음 만나는
루마퓨전

이재면 지음

BJPUBLIC

프롤로그

영상 촬영, 편집을 위해서는 고가의 장비가 필요하다?

유튜브가 대세인 지금, 유튜브 속에는 세상 모든 직업이 있습니다. 변호사도, 의사도, 전문직 종사자도, 프리랜서도, 회사원도 모두 유튜브를 하고 있습니다. 많은 사람이 유튜브를 시작하면서 전문가의 영역이었던 영상 제작이 대중화되었습니다. 심지어 이제는 컴퓨터가 없어도, 카메라가 없어도 영상을 촬영하고 편집할 수 있습니다. 내 주머니 속에 언제나 들어 있는 핸드폰만 꺼내면, 언제 어디서든 누구나 영상을 촬영하고 누구나 영상을 편집할 수 있습니다.

하지만 아직도 많은 분이 영상 제작을 전문가의 영역이라 생각하고, 고가의 장비와 전문 지식이 있어야만 가능하다고 생각합니다. 이런 고정 관념을 버려야 합니다. 주머니 속의 스마트폰은 몇십만 원의 하이엔드 카메라와 거의 동급의 결과물을 보여 주며, 몇십만 원이 넘는 컴퓨터 영상 편집 프로그램과 비슷한 편집 능력을 보여 줍니다.

물론 스마트폰만으로는 부족할 수 있으며, 더욱 고가의 장비가 필요할 경우도 있습니다. 하지만 우리는 영화를 촬영하거나 드라마를 촬영하는 사람들처럼 영상을 직업으로 삼는 게 아닙니다. 사람들은 대부분 내가 경험하는 일상을 기록하거나 여행의 기억을 기록하는 용도로 사용합니다. 고가의 무거운 장비보다는 언제 어디서나 편하고 가볍게 가지고 다니며 편하게 촬영할 수 있는 휴대성 높은 기기가 더욱 잘 어울립니다. 즉 우리가 영상을 촬영하고 편집하는 목적에는 100만 원, 200만 원짜리 카메라보다는 스마트폰이 더 잘 어울립니다.

영상 관련 직종에서 7년 정도 근무한 저는 유튜브 촬영을 할 때 카메라를 쓰지 않습니다. 물론 컴퓨터도 사용하지 않습니다. 모든 것을 스마트폰과 태블릿PC로 해결합니다. 제가 사용하는 영상 촬영 및 편집 장비는 아이폰, 아이패드, 소형 삼각대, 소형 조명, 핀 마이크가 전부입니다.

일반적인 영상을 만드는 데 그런 고가의 장비는 필요하지 않습니다. 당신과 당신의 스마트폰, 이거면 충분합니다.

모바일 동영상 편집의 미래 그리고 루마퓨전

우리는 예전에 그 누구도 지하철에서 인터넷 서핑을 하게 될 줄 몰랐으며, 배틀그라운드와 같은 온라인 게임은 컴퓨터의 전유물이라 생각했습니다. 하지만 지금은 지하철뿐만 아니라 내가 가는 어디에서든 인터넷을 즐길 수 있으며, PC 게임의 시장보다 모바일 게임의 시장이 더욱 커졌습니다.

많은 사람이 영상 편집과 같은 전문 작업은 PC 프로그램으로 해야 한다고 생각합니다. 온라인 게임이 PC의 전유물이라 생각했던 것처럼 말입니다. 가장 유명한 편집 프로그램 '프리미어 프로'의 개발사인 Adobe에서도 '프리미어 러시'라는 모바일 영상 편집 프로그램을 개발하며 모바일 시장을 공략하고 있습니다. 이제는 언제 어디서든 편집할 수 있는 모바일 편집이 대세를 이룰 것입니다.

현재에도 수많은 영상 편집 앱이 나와 있지만, 그중에서도 루마퓨전은 컴퓨터 영상 편집 프로그램과 가장 닮아 있는 앱입니다. 화면 구성부터, 인터페이스, 작업 방식까지 컴퓨터 영상 편집 프로그램과 유사합니다. 더 전문적인 편집을 하기 위해서 추후 PC 영상 편집 프로그램을 사용하려는 분들에게는 편집 프로그램의 기본적인 사용법들을 쉽게 익힐 수 있는 좋은 앱이라 할 수 있습니다. 특히 대표적인 영상 편집 프로그램 중 하나인 FinalCut Pro와 연동되기 때문에 맥을 사용하는 분들이라면 반드시 사용해야 할 필수 앱이라 할 수 있습니다.

모바일 영상 편집이 대세인 시대, 그 선봉에 서는 것이 바로 모바일 영상 편집 어플의 정점에 서 있는 루마퓨전이 될 것입니다.

책 속의 사진은 [아이패드로 실행한 루마퓨전의 화면]입니다. 아이폰으로 루마퓨전을 사용하는 분들은 책 속의 사진과 화면 구성이 조금 다를 수 있습니다. 하지만 기본적인 사용법 및 기능과 버튼들은 다 동일하니 걱정하지 않아도 됩니다.

저자 소개

이재면

기업 광고 영상 및 바이럴 영상 편집 경력 약 6년, 유튜브 크리에이터 경력 1년, 유튜브 전문 편집 및 컨설팅 경력 1년의 영상 편집자이다. 현재 유튜브 토탈 솔루션 컨설팅 기업 Bridge Studio의 메인 디렉터를 맡고 있으며, 직접 운영하는 유튜브 채널 '치하키 스튜디오'를 통해 지금보다 더 많은 사람들이 쉽고 편하게 영상 제작의 매력에 빠져들 수 있도록 노력하고 있다.

- 대학 교육 기관 광고 영상 및 바이럴 영상 기획 및 제작 / SNS 마케팅 전담
- Ahnlab 안랩 사회가치실현사업 유튜브 채널 편집
- 한국오카리나협회 유튜브 채널 컨설팅 및 편집
- 샌드박스 네트워크 소속 게임 크리에이터 "밍모" 편집
- 약사 유튜버 "약먹을시간" 채널 편집
- 여성가족부 주최 "피임약 인식 개선 캠페인" 관련 콘텐츠 제작
  (뮤직비디오 비하인드, 인터뷰, 토크 콘서트 비하인드 컷 등)
- 유튜브 채널 '치하키 스튜디오'에서 루마퓨전, VLLO, 키네마스터 활용법 소개
- 유튜브 컨설팅 및 유튜브 성장법 온라인 강의
- 광명시 청소년 사회복지관 주체 진로 강연 유튜버 분야 강연

목차

루마퓨전
인터페이스

1. 섹션별 기능

루마퓨전은 아이폰 및 아이패드에서 사용 가능한 앱으로, 일반적인 앱들과 마찬가지로 앱스토어에서 유료로 다운로드하여 사용할 수 있다.

[프로젝트 관리 섹션]

프로젝트 관리 섹션은 프로젝트를 생성하거나 삭제하는 등 말 그대로 프로젝트를 관리하는 공간이다. 프로젝트 관리 섹션에서 사용할 수 있는 각 버튼의 기능을 알아보자.

- **작업 프로젝트**: 현재 작업 중인 프로젝트
- **프로젝트 섹션 보기**: 편집 중인 화면에서 프로젝트 관리 섹션을 열고 닫을 수 있음
- **프로젝트 생성**: 새로운 프로젝트를 생성
- **프로젝트 로드**: 외부(구글 드라이브, 아이클라우드 등)에 저장된 프로젝트를 가져옴
- **프로젝트 복제**: 생성된 프로젝트를 똑같이 복제
- **프로젝트 삭제**: 생성된 프로젝트를 삭제
- **프로젝트 검색**: 생성된 프로젝트 중 원하는 프로젝트를 검색. 생성된 프로젝트가 너무 많아 내가 원하는 프로젝트를 찾기 어려울 때 사용하면 좋은 기능
- **프로젝트 정렬**: 생성된 프로젝트를 생성된 날짜, 수정한 날짜, 프로젝트 제목 등 원하는 항목별 오름차순, 내림차순으로 정렬할 수 있음

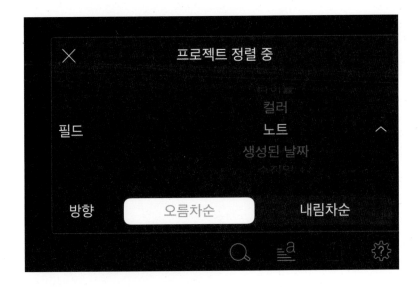

- **도움말 및 설정**: 각종 설정 및 도움말

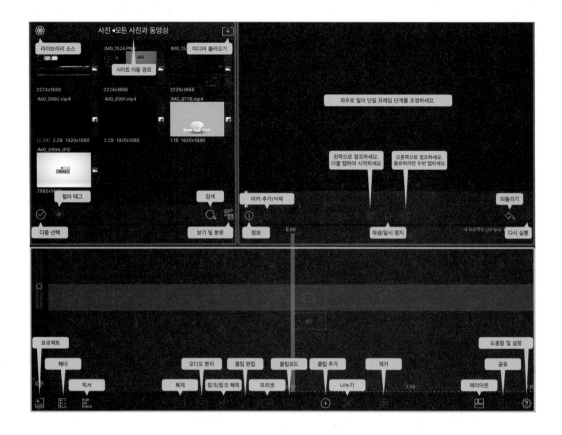

[■ 미디어 라이브러리 섹션]

미디어 라이브러리 섹션은 편집을 하기 위해 내 스마트폰 속에 있는 각종 영상 파일, 이미지, 음성 파일을 확인하고 가져올 수 있는 섹션이다. 미디어 라이브러리 섹션에서 사용할 수 있는 각 버튼의 기능을 알아보자.

- 라이브러리 소스: 내 사진첩, 파일 등 각종 미디어를 가지고 올 수 있는 폴더를 선택

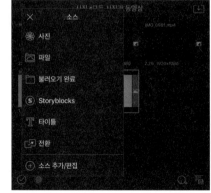

- **미디어 불러오기**: 구글 드라이브, 아이클라우드 등 외부에 저장해 놓은 미디어 파일 불러오기

- **다중 선택**: 미디어 다중 선택을 위한 선택 기능(여러 미디어를 한 번에 선택할 때 사용)

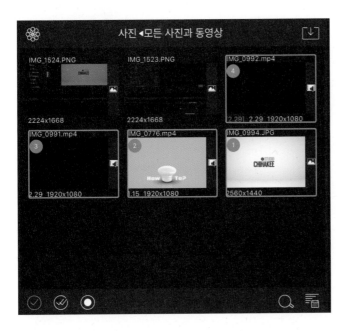

- **컬러 태그**: 해당 미디어를 표시하는 컬러를 변경(미디어 구분을 위한 기능)

- **검색:** 원하는 미디어를 파일명으로 검색해서 찾기
- **보기 및 분류:** 미디어 보기 유형 변경(크게 보기, 자세히 보기 등) 및 정렬 방식(오름차순, 내림차순 등) 변경

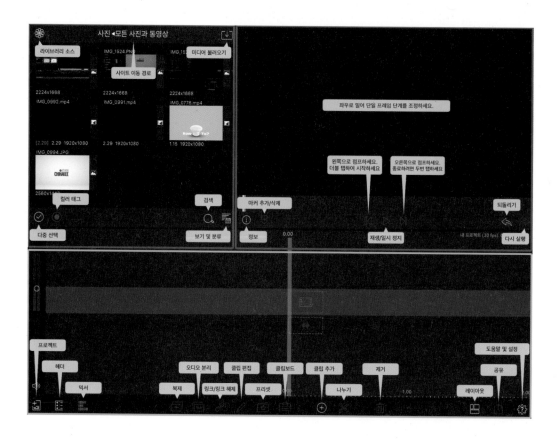

[■ 프리뷰 섹션]

프리뷰 섹션은 편집 중인 프로젝트를 추출하기 전에 미리 확인해 볼 수 있는 섹션이다. 미디어 라이브러리 섹션에서 사용할 수 있는 각 버튼의 기능을 알아보자.

- **정보:** 미디어 라이브러리 섹션에서 선택한 미디어의 정보(미디어 이름, 영상 해상도 등)를 볼 수 있음

- 마커 추가/삭제: 마커(내가 원하는 타임라인에 표시할 수 있는 기능)를 추가하거나 삭제할 수 있음. 마커 색 변경 및 설명 추가도 가능

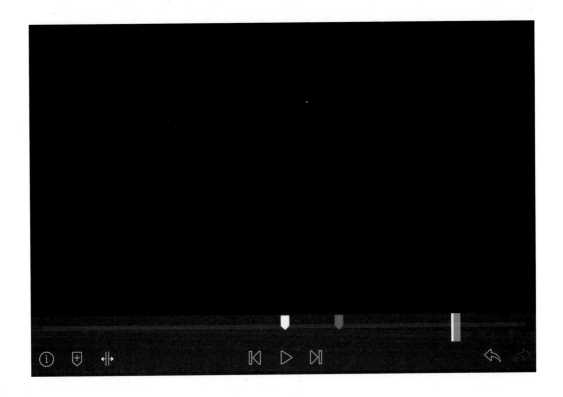

- 왼쪽으로 점프: 해당 미디어 클립의 처음으로 이동. 두 번 탭할 경우 프로젝트 시작 지점으로 이동

- 재생/일시 정지: 재생 및 일시 정지

- 오른쪽으로 점프: 해당 미디어 클립의 끝으로 이동. 두 번 탭할 경우 프로젝트 끝 지점으로 이동

- 되돌리기: 바로 직전에 한 작업을 작업하기 전으로 되돌리기. 컴퓨터의 Ctrl+Z의 기능

- 다시 실행: 되돌리기 했던 작업을 다시 실행하는 버튼

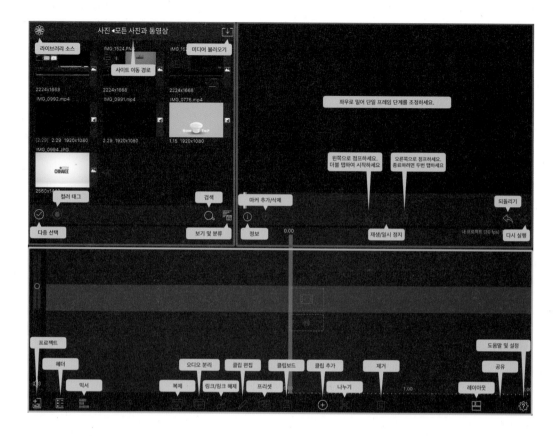

[■ 타임라인 섹션]

타임라인 섹션은 편집할 영상을 불러와 원하는 대로 편집할 수 있는 섹션이다. 타임라인 섹션에서 사용할 수 있는 각 버튼의 기능을 알아보자.

- **프로젝트**: 프로젝트 관리 섹션을 열고 닫을 수 있음
- **헤더**: 각 미디어 트랙의 잠금/링크/뮤트/가리개 등을 사용할 수 있는 미디어 헤더 기능

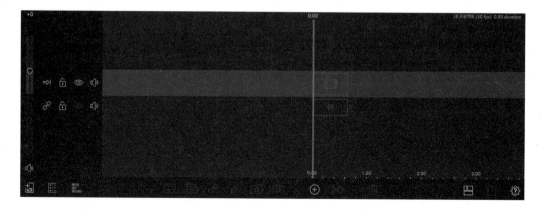

- **믹서**: 각 미디어 트랙의 오디오 레벨을 조정할 수 있는 미디어 믹서 기능

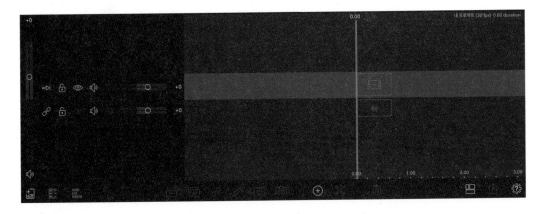

- **복제**: 선택된 미디어 클립 복제
- **오디오 분리**: 선택된 미디어 클립에서 오디오 클립만 분리

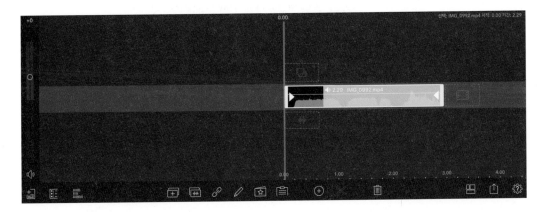

기존의 불러온 영상은 영상과 음성이 합쳐진 상태로, 여기서 오디오 분리 버튼을 누른다.

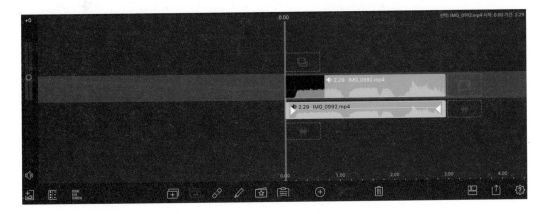

위 사진과 같이 오디오 트랙에 오디오 클립만 따로 분리된다.

- 링크/링크 해제: 메인 트랙의 영상 클립과 연결하도록 링크를 연결하거나 해제

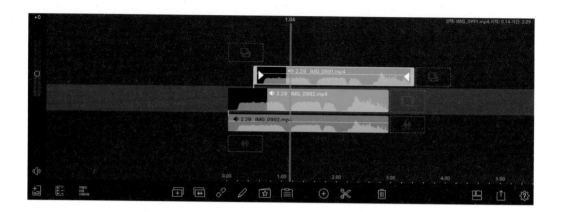

기본적으로 타임라인으로 가져온 영상들은 모두 중앙에 있는 메인 트랙의 영상 클립과 연결된 상태(흰색 선으로 연결되어 있음)이다. 연결된 경우 메인 트랙의 영상 클립을 이동하면 연결된 모든 영상이 함께 움직인다. 여기서 링크 해제를 클릭한다.

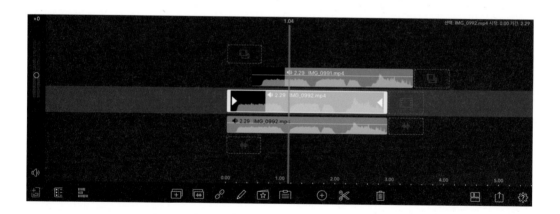

흰색 연결선이 사라지면서 연결이 해제된 모습이다. 한 번 더 누르면 다시 연결된다.

- 클립 편집: 영상 클립을 각종 편집 기능을 통해 편집할 수 있는 화면으로 이동

- 프리셋: 저장된 프리셋을 보거나 적용할 수 있음

- 클립보드: 선택된 미디어 클립에 적용된 효과를 복사하고 붙여 넣을 수 있는 기능

- 클립 추가: 빈 클립, 타이틀 클립 등 각종 클립을 추가

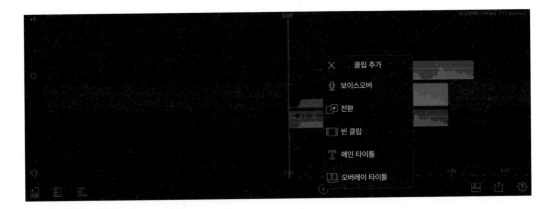

- 나누기: 선택된 미디어 클립을 분할

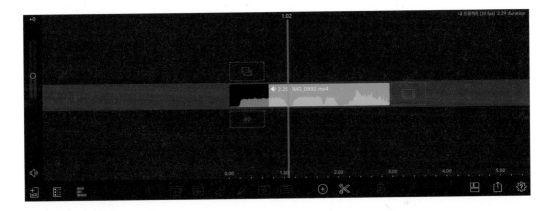

영상 클립을 불러온 상태에서 나누기 버튼을 클릭한다.

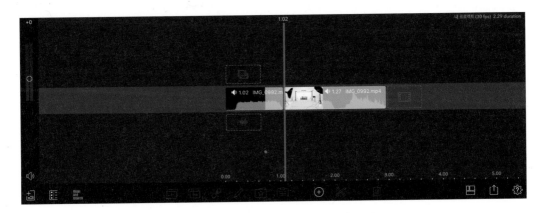

영상이 2개로 분리되면서 나뉜다. (2장의 컷 편집 부분에서 자세하게 다룰 예정)

- 제거: 선택된 영상 클립 삭제

제거하고 싶은 영상 클립을 클릭한 상태로 제거 버튼을 누른다.

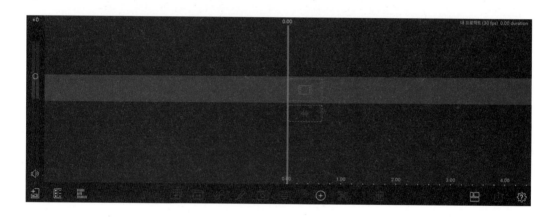

클릭한 영상 클립이 삭제된다. (2장의 컷 편집 부분에서 자세하게 다룰 예정)

- 레이아웃: 루마퓨전 기본 레이아웃을 원하는 대로 변경할 수 있음

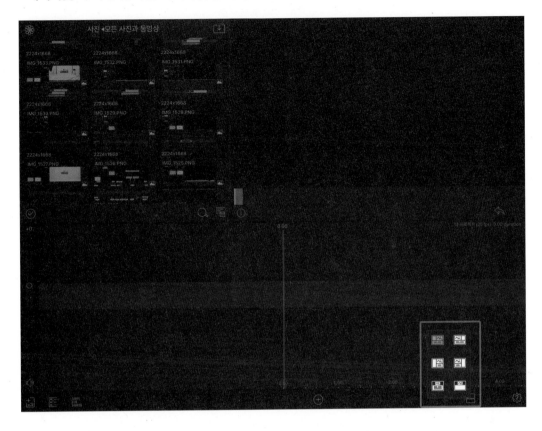

레이아웃 버튼을 누르면 총 6개의 변경 가능한 레이아웃이 표시된다.

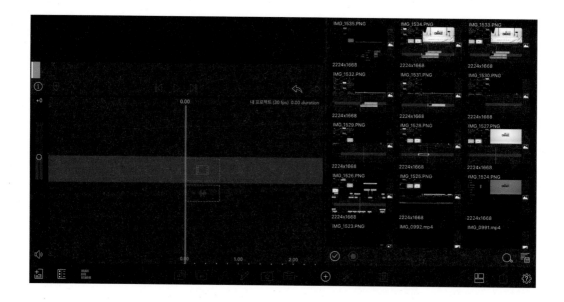

원하는 레이아웃으로 변경이 가능하다.

- **공유:** 작업 완료한 프로젝트를 영상 파일, 오디오 파일, 프로젝트 파일 등으로 렌더링
- **도움말 및 설정:** 각종 프로젝트 설정 및 도움말

2. 클립 편집 화면

클립 편집 화면은 타임라인 섹션에서 [클립 편집] 버튼을 눌렀을 때 확인할 수 있는 화면이다. 클립 편집 화면에서 해당 영상에 각종 효과를 추가하는 등의 편집을 진행할 수 있다. 클립 편집 화면에서 사용할 수 있는 각 버튼의 기능을 알아보자.

[공통 기능]

- **타임라인으로 돌아가기:** 편집 화면을 닫고 타임라인 섹션으로 돌아가기
- **취소 라벨:** 클립 편집 화면 안에서 바로 직전에 한 작업을 작업하기 전으로 되돌리기. 컴퓨터 의 Ctrl+Z의 기능

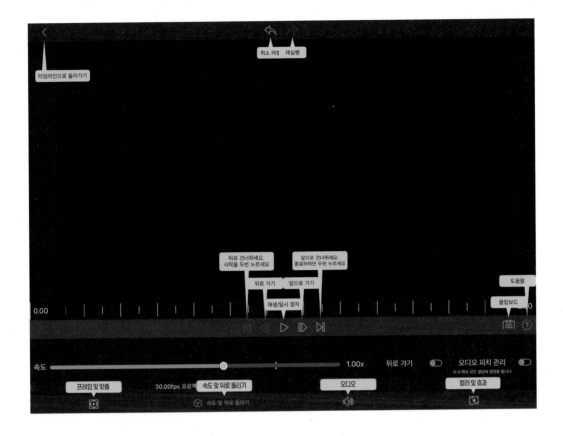

- **재실행:** 되돌리기 했던 작업을 다시 실행하는 버튼
- **뒤로 건너뛰세요:** 해당 클립의 가장 처음으로 이동
- **뒤로 가기:** 뒤로 1프레임씩 이동
- **재생/일시 정지:** 영상을 재생하고 일시 정지
- **앞으로 가기:** 앞으로 1프레임씩 이동
- **앞으로 건너뛰세요:** 해당 클립의 가장 끝으로 이동
- **클립보드:** 선택된 미디어 클립에 적용된 효과를 복사하고 붙여 넣을 수 있는 기능
- **프레임 및 맞춤:** "프레임 및 맞춤" 편집 탭으로 이동
- **속도 및 뒤로 돌리기:** "속도 및 뒤로 돌리기" 편집 탭으로 이동
- **오디오:** "오디오" 편집 탭으로 이동
- **컬러 및 효과:** "컬러 및 효과" 편집 탭으로 이동

[프레임 및 맞춤]

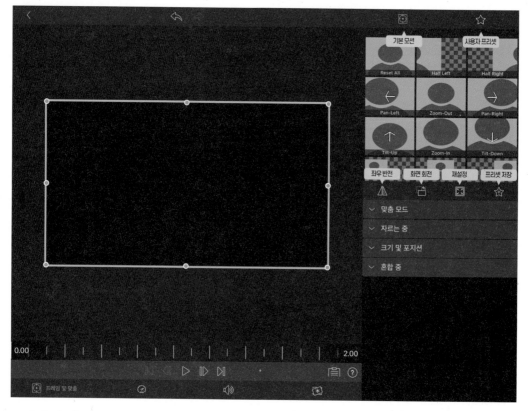

프레임 및 맞춤 탭은 영상의 크기나 위치 변경, 자르기 등 영상 자체를 변형할 수 있는 탭이다.
프레임 및 맞춤 탭에서 사용할 수 있는 각 버튼의 기능을 알아보자.

- **기본 모션**: 루마퓨전에 기본으로 세팅된 화면 이동 프리셋
- **사용자 프리셋**: 사용자가 사전에 저장해 놓은 프리셋
- **좌우 반전**: 영상을 좌, 우로 반전
- **화면 회전**: 영상을 90도로 회전
- **재설정**: 변형 및 이동시킨 화면을 처음 상태로 되돌림
- **프리셋 저장**: 변형 및 이동시킨 화면을 사용자 프리셋에 저장
- **맞춤 모드**: 영상의 비율을 원하는 대로 맞출 수 있는 기능
- **자르는 중**: 영상 좌우, 상·하단을 잘라 내는 기능
- **크기 및 포지션**: 영상의 크기를 조절하고, 위치를 조절하는 기능
- **혼합 중**: 영상의 투명도를 조절할 수 있는 기능

[속도 및 뒤로 돌리기]

속도 및 뒤로 돌리기 탭은 영상의 속도를 빠르게 또는 느리게 조절할 수 있는 탭이다. 속도 및 뒤로 돌리기 탭에서 사용할 수 있는 각 버튼의 기능을 알아보자.

- **속도 조절 바**: 영상의 재생 속도를 원하는 대로 조절 (최소 1/240배속~최대 6배속)
- **뒤로 가기**: 해당 미디어 클립의 영상을 역재생
- **오디오 피치 관리**: 영상의 속도가 빨라지면 오디오 피치도 높아지지만, 최대 2배속까지는 오디오 피치가 올라가지 않도록 조절

[오디오]

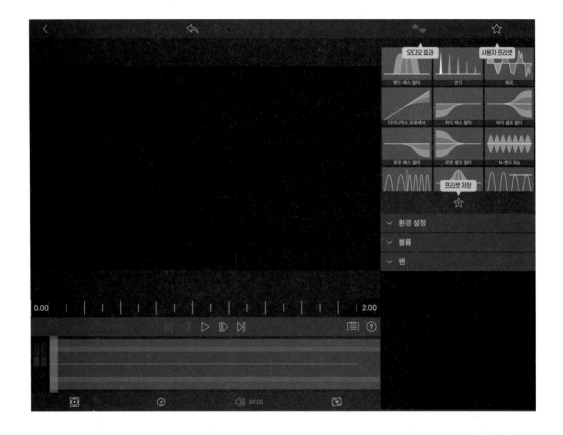

오디오 탭은 각종 오디오 효과를 추가할 수 있는 탭이다. 오디오 탭에서 사용할 수 있는 각 버튼
의 기능을 알아보자.

- **오디오 효과**: 루마퓨전에 기본으로 세팅된 오디오 효과 프리셋
- **사용자 프리셋**: 사용자가 사전에 세팅/저장해 놓은 프리셋
- **프리셋 저장**: 편집한 오디오 세팅을 사용자 프리셋에 저장
- **환경 설정**: 오디오 설정을 변경 (스테레오/모노 등)
- **볼륨**: 오디오의 볼륨을 조절
- **팬**: 오디오 사운드의 좌·우측 음량 밸런스 조절

[컬러 및 효과]

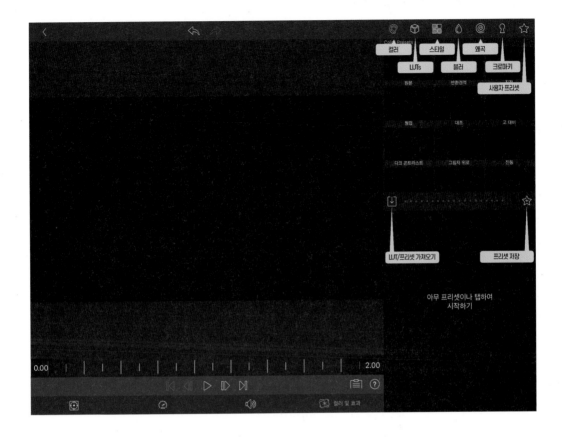

컬러 및 효과 탭은 영상의 색감을 조절하거나 왜곡, 블러 등 각종 효과를 적용할 수 있는 탭이다. 컬러 및 효과 탭에서 사용할 수 있는 각 버튼의 기능을 알아보자.

- **컬러:** 루마퓨전에 기본으로 세팅된 컬러 프리셋을 가져오거나 직접 색감을 보정할 수 있음
- **LUTs:** 외부에서 가져온 LUTs(보정한 색감을 저장해 놓은 파일) 및 루마퓨전 기본 LUTs를 적용할 수 있음
- **스타일:** 비네트, 엣지 등 각종 영상 스타일을 적용할 수 있음
- **블러:** 가우시안 블러 모션 블러 등 각종 블러 효과를 적용할 수 있음
- **왜곡:** 모자이크 등 영상 각종 왜곡 효과를 적용할 수 있음
- **크로마키:** 크로마키 효과를 적용할 수 있음 (블루, 블랙, 그린 등 다양한 색상에 적용 가능)

- **사용자 프리셋:** 사용자가 사전에 세팅/저장해 놓은 프리셋
- **LUTs/프리셋 가져오기:** 외부에서 LUTs 파일을 가져오거나 외부에서 저장된 프리셋을 가져
  올 수 있음
- **프리셋 저장:** 적용한 각종 컬러 및 효과를 사용자 프리셋에 저장

루마퓨전
기본 과정

1. 프로젝트 생성하기

루마퓨전을 이용하여 영상 편집을 하기 위해서 가장 먼저 해야 할 것이 바로 [프로젝트 생성]이다. 프로젝트란, 영상을 편집하는 공간을 말하며, 생성된 프로젝트 안에서 편집하고자 하는 영상을 불러오고, 자르고 붙이는 등의 각종 편집을 진행하게 된다. 프로젝트를 생성할 때는 그에 맞는 설정값을 입력해야 한다. 일반적으로 가장 많이 사용되는 값은 초기에 자동으로 설정되어 있지만, 내 영상의 목적과 성향에 따라 설정값을 변경해야 하는 경우도 있다. 프로젝트 설정값을 변경할 수 있는 곳은 어디인지부터 알아보자.

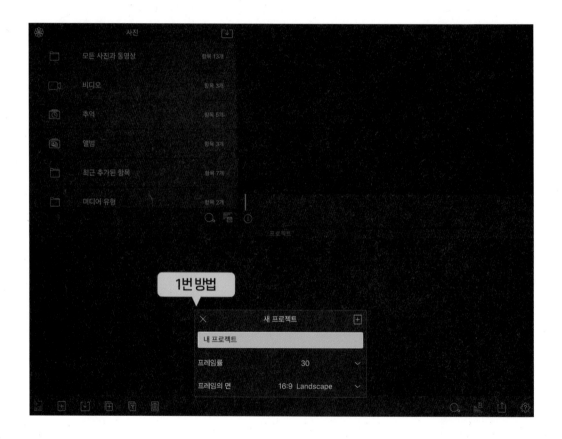

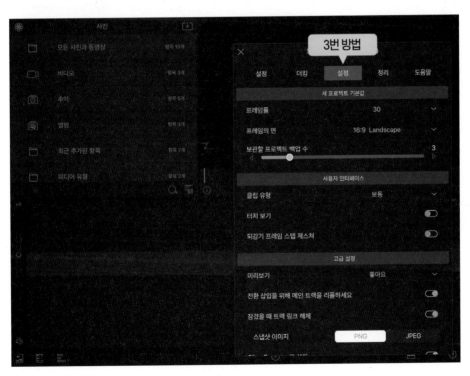

프로젝트 설정값을 변경할 수 있는 곳은 1번부터 3번까지 총 3가지이다. 각 방법별 어떤 경우에 사용하게 되는지 알아보자. 1번 방법은 루마퓨전 실행 후 + 버튼을 눌러 최초 프로젝트를 생성할 때 볼 수 있는 화면이다. 1번 방법으로 프로젝트를 생성하여 영상을 편집 중에 프로젝트 설정을 변경해야 할 상황이 오면 2번 방법을 통해 현재 작업 중인 프로젝트의 설정을 변경할 수 있다. 그리고 내가 자주 사용할 프로젝트 설정값을 찾았다면, 3번 방법을 통해 내가 자주 사용할 설정값을 기본 설정값으로 변경할 수 있다. 이렇게 3번 방법을 통해 자주 쓰는 프로젝트 설정을 기본값으로 입력했다면, 추후 다른 영상 편집을 위해 프로젝트를 생성하는 과정에서 1번 방법을 거칠 때, 이전에 3번 방법을 통해 설정했던 값이 그대로 1번 방법에도 적용된 것을 볼 수 있다.

• TIP •

- 1번 방법: [루마퓨전 실행 → 프로젝트 생성+버튼 클릭]
  프로젝트를 생성할 때, 생성할 프로젝트의 설정을 변경할 수 있다.
- 2번 방법: [좌하단 "도움말 및 설정" 클릭 → 첫 번째 "설정" 탭]
  프로젝트 생성 후 현재 생성된 프로젝트에 대한 설정을 변경할 수 있다.
- 3번 방법: [좌하단 "도움말 및 설정" 클릭 → 세 번째 "설정" 탭]
  자주 사용하는 설정을 입력하여 입력한 설정값을 기본값으로 변경한다.

1번, 2번, 3번 방법에서 변경할 수 있는 설정값은 각각 다르지만, 우리가 가장 중요하게 알아 둬야 할 설정은 바로 [프레임 률]과 [프레임의 면]이다.

프레임 률?

초당 전송하는 프레임의 개수를 의미한다. 우리가 보는 모든 동영상은 여러 장의 사진을 이어 붙여 만든 것인데, 이때 1초에 몇 장의 사진을 보여 줄 것인가를 선택하는 것이 바로 [프레임 률]이다. 즉 [프레임 률]의 값이 30이라면, 1초에 30장의 사진을 보여 주는 것이고, 60이라면 1초에 60장의 사진을 보여 주는 것이다. 이 [프레임 률]의 값이 커지면 커질수록 초당 많은 사진을 보여 주는 것이기에 더 부드럽고 사실적인 영상이 되지만 그만큼 용량 또한 증가한다. 반대로 [프레임 률]이 낮으면 초당 더 적은 사진을 보여 주는 것이기에 부드럽지 않은 영상이 되지만 그만큼 용량도 줄어들게 된다.

여기까지만 본다면 [프레임 률]이 높은 것이 무조건 좋은 것으로 생각할 수 있다. 하지만 꼭 그렇지는 않다. 보통 우리가 접하는 대부분 영상의 프레임 률은 30프레임이다. 일반적으로 사람의 눈으로 봤을 때 30프레임 정도의 수준이 가장 적당하며, 60프레임은 30프레임보다 조금 더 부드러운 느낌이 들지만, 그 이상으로 올라가면 사람의 눈으로는 크게 구분하기 힘들다. 즉 특별한 목적이 있지 않다면 60프레임 이상으로는 올리지 않는 것이 일반적이다. 반면 영화와 같은 영상미를 더해야 하는 분야에서는 프레임 률을 높이기보다는 오히려 30프레임보다 더 낮은 24프레임을 사용한다. 유튜브에서 볼 수 있는 일반적인 영상으로 구분해 보자면 토크, 예능, 정보 전달 등 우리가 유튜브에서 볼 수 있는 대부분의 영상은 모두 30프레임, 부드러운 모션이 필요한 게임 영상들은 60프레임, 영상미를 보여 주는 여행 영상의 경우 24프레임으로 작업한다고 생각할 수 있겠다.

사실 이 [프레임 률]은 편집에서만 결정하는 것이 아니라, 촬영할 때부터 결정해야 하는 값이다. 일반적으로는 촬영에서 선택한 프레임을 편집에서 그대로 적용하지만, 목적에 따라 조금씩 달라질 수 있다.

프레임의 면?

화면 비율을 의미한다. 프레임의 면이 16:9라면 영상의 가로 길이가 16일 때 세로 길이가 9가 된다. 영상을 촬영하거나 편집할 때 내가 어떤 장면을 어떻게 보여 줄 것인지에 따라 다르게 설정되며 또한 편집한 영상을 어떤 플랫폼에 업로드할 것인지에 따라서도 다르게 설정한다. 일반적으로 가장 많이 사용되고 유튜브에 업로드되는 가장 많은 화면 비율은 16:9이며 아마 가장 많이 들어 봤을 1920*1080 크기의 FHD 화면, 4K 화면 등이 다 이 비율에 해당한다. 하지만 인스타그램 영상 업로드의 경우 보통 1:1의 화면 비율을 많이 사용하며, 페이스북 플랫폼에 영상을 올릴 경우에는 스마트폰 화면처럼 세로로 긴, 9:16 화면을 사용하기도 한다.

내가 편집하는 영상의 용도에 따라 원하는 프레임의 면을 선택하면 된다.

2. 영상 편집의 첫걸음, 컷 편집

컷 편집이란?

촬영된 영상에서 사용할 부분과 사용하지 않을 부분을 구분하는 작업이 컷 편집이다. 영상 편집을 할 때 가장 처음 진행하는 작업이자 편집의 가장 기초가 되는 작업이며, 건물을 짓는 것과 비교하자면 뼈대를 올리는 가장 중요한 작업이라 할 수 있다.

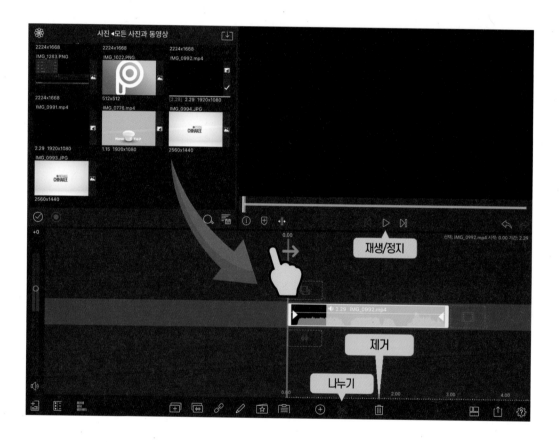

컷 편집을 하려면 먼저 좌측 상단의 [미디어 라이브러리] 섹션에서 편집할 영상을 불러와야 한다. 사진 앨범에 있는 영상을 손가락으로 누른 다음 타임라인으로 끌고 와 놓으면 영상은 메인 트랙에 위치하게 된다. 여기서 말하는 트랙이란 원하는 영상을 편집할 수 있는 작업대라고 생각하면 되고, 메인 트랙이란 여러 트랙 중 가장 가운데에 있는, 가장 중심이 될 영상이 위치할 트랙을 말한다. 루마퓨전에서는 6개의 영상+오디오 혼합 트랙 그리고 6개의 오디오 단일 트랙으로 총 12개의 트랙을 사용할 수 있다. 이로써 영상을 편집할 준비가 된 것이다. 가져온 영상을 컷 편집을 하는 데 사용하는 기능은 많지 않다. 사진에 보이는 [재생/정지], [나누기], [삭제] 이 3가지 기능이 컷 편집에 사용하는 기능의 전부다. 영상을 재생하여 삭제할 부분이 확인되면, 삭제할 첫 부분에서 정지하여 [나누기]를 통해 영상을 잘라 주고, 삭제할 마지막 부분에서 또 한번 정지하여 [나누기]를 통해 영상을 잘라 준 후 삭제할 부분을 클릭, [제거] 버튼을 눌러 삭제하면 된다.

만약 영상의 길이가 너무 길어 세부적으로 잘라 내기가 어렵다면, 손가락 두 개로 타임라인을 확대할 수 있다. 타임라인을 확대하면 영상 클립을 세부적으로 볼 수 있고, 원하는 부분을 세부적으로 잘라 낼 수 있다. 또한 반대로 손가락 두 개로 타임라인을 축소하면 영상 클립을 세부적으로 볼 수 없는 대신 내가 편집 중인 타임라인의 컷 편집 상태 등 전체적인 편집 상태를 확인할 수 있다.

촬영된 영상에서 사용할 부분과 사용하지 않을 부분을 구분하는 컷 편집 작업은 위 작업을 반복하여 영상 전체를 구분하여 나누기, 삭제를 완료해 주면 컷 편집은 완성된다.

> **• TIP •**
>
> **컷 편집을 잘하는 방법은?**
>
> 사실 이 컷 편집의 영역은 "기능"적인 부분보다는 편집자의 "감각"이 가장 크게 작용하는 부분이다. 따라서 컷 편집을 잘하는 방법은 "많이 보고, 직접 해 보며 감각을 키우는 것" 말고는 방법이 없다. 프로들이 편집한 많은 영상을 보고, 그것을 벤치마킹하여 직접 해 보는 작업을 반복하여 감각을 키우는 것이 컷 편집을 잘하는 유일한 방법이라 할 수 있다.

3. 크기, 위치, 회전 등 비디오 변형하기

비디오 변형이란?

영상을 촬영하다 보면, 전부 내가 원하던 대로만 촬영되지는 않는다. 생각했던 것보다 넓게 촬영된다거나, 찍고 싶지 않았던 피사체가 촬영되었다거나, 수평이 맞지 않았다든가 하는 것들 말이다. 특히 핸드폰으로 촬영하다 보면 핸드폰을 잡고 있는 손이 카메라 끝부분을 살짝 가려서 영상 모서리에 내 손이 촬영되는 경우를 아주 많이 볼 수 있다. 이런 경우, 촬영된 영상의 크기나 위치를 변형하여 내가 원하는 화면을 만들어 줄 수 있다.

타임라인으로 가져온 영상을 클릭한 다음, 연필 모양의 클립 편집 버튼을 클릭하여 편집 화면으로 이동한다.

좌측 하단의 [프레임 및 맞춤]이라는 탭을 클릭하여 비디오를 변형할 수 있는 편집 화면으로 이동할 수 있다.

크기 변형

우측에 보이는 [크기]의 바를 좌우로 움직여 크기를 조정할 수 있으며, 영상을 손가락으로 직접 확대, 축소할 수도 있다.

위치 변형 및 회전

우측에 보이는 [포지션]의 X, Y축을 좌우로 움직여 크기를 조정할 수 있으며, 영상을 손가락으로 직접 이동시킬 수 있다. [포지션] 아래에 보이는 [회전]을 이용하여 영상을 회전시킬 수 있으며, 영상에 손가락 두 개를 터치한 후 회전하여 영상을 직접 회전시킬 수 있다.

영상 자르기

우측에 보이는 [자르는 중] 탭을 이용하여 영상의 상, 하, 좌, 우를 원하는 대로 잘라 낼 수 있다.

4. 자막 삽입 및 꾸미기

자막은 영상의 보는 맛을 더해 주는 필수적인 요소라 할 수 있다. 자막은 크게 3가지, 밑 자막과 포인트 자막, 설명 자막 정도로 나누어 생각할 수 있고, 추가하는 방법은 3가지 종류 모두 동일하다.

+ 모양의 [클립 추가] 버튼을 클릭하면 추가할 수 있는 목록이 보인다. 자막을 추가하려면 [메인 타이틀] 또는 [오버레이 타이틀]을 선택해야 한다.

[메인 타이틀]: 메인 트랙에 자막 클립을 생성한다.

[오버레이 타이틀]: 비어 있는 트랙에 자막 클립을 생성한다.

즉, 오직 검정 배경에 자막만 보여 줄 생각이라면 [메인 타이틀]을, 내가 촬영한 영상 위에 자막을 입힐 것이라면 [오버레이 타이틀]을 선택하면 된다. 일반적으로는 영상 위에 자막을 입히는 경우가 많기 때문에 보통 [오버레이 타이틀]을 많이 사용한다.

[오버레이 타이틀]을 클릭하면 메인 트랙 위의 두 번째 트랙에 자막 클립이 생성된다. 자막 내용을 수정하고자 자막 클립을 클릭한 후 하단의 클립 편집 버튼을 클릭하여 편집 화면으로 이동한다.

편집 화면으로 들어가면 자동으로 [텍스트] 탭의 편집 화면이 노출된다. 이 [텍스트] 탭에서 자막을 편집하고, 꾸미는 것이 가능하다. 먼저 원하는 자막으로 바꾸어 주려면 자동으로 생성된 "Your Text Here"라는 문구를 더블클릭한다.

문구를 더블클릭하면 텍스트를 수정할 수 있도록 키보드가 노출되고, 원하는 문구로 수정한다.

원하는 텍스트로 수정했다면, 우측 하단의 여러 버튼을 이용해 색상 변경, 폰트 변경, 크기 변경, 테두리 넣기, 투명도 조절, 그림자 넣기 등 원하는 대로 자막을 꾸밀 수 있다. 물론 앞에서 배웠던 비디오 변형과 같이 위치 변형도 가능하며 회전도 가능하다.

5. 음량 조절의 모든 것, 오디오 편집

루마퓨전에서는 기본적인 오디오 편집도 가능하다. 물론 PC 프로그램만큼 다양한 오디오 편집 기능이 있는 것은 아니지만, 많이 사용하는 기능들은 루마퓨전에서도 사용이 가능하다. 사실 우리가 오디오를 편집하는 경우는 일반적으로 3가지 경우다. 첫 번째는 삽입한 배경음 또는 촬영된 영상의 음량이 너무 커서 적절하게 음량을 조절해야 할 때, 두 번째는 함께 녹음된 생활 노이즈를 줄이고 목소리를 더 또렷하게 들리게 하고 싶을 때 사용한다. 오디오를 편집할 수 있는 여러 가지 다른 기능도 있지만, 일반적으로 가장 많이 사용하는 2가지 기능을 학습해 보자.

음량을 조절하는 방법

음량을 조절하는 방법은 3가지 방법이 있다. 첫 번째로는 편집 중인 프로젝트 전체 음량을 높이는 방법, 두 번째는 각 트랙별로 음량을 조절하는 방법, 세 번째는 각 영상 클립별로 음량을 조절하는 방법이다.

[타임라인 섹션]의 가장 좌측에 보면 스피커 모양의 위아래로 길쭉한 바가 있다. 안에 동그라미 모양을 클릭하여 위아래로 움직일 수 있는데, 이 부분을 움직이는 것으로 해당 프로젝트의 모든 음량을 조절할 수 있다. 음량을 조절할 때는 항상 조절 바의 빨간색 부분을 넘지 않도록 하는 것이 좋다.

하단의 [믹서] 버튼을 클릭하면 각 트랙별로 음량을 조절할 수 있다. 만약 메인 트랙에 있는 촬영한 영상의 소리만 크게 하고 싶다면, 다른 트랙의 음량은 그대로 유지한 채 메인 트랙의 음량만 올리면 촬영한 영상의 소리만 커지게 된다.

만약 영상 클립 하나의 음량만 조절하고 싶다면, 조절하고 싶은 영상 또는 오디오 클립을 클릭한 후 편집 화면으로 들어간 후 [오디오] 탭을 클릭한다. 그리고 오른쪽에 보이는 [볼륨] 바를 좌우로 조절하여 음량의 크기를 조절할 수 있다.

생활 노이즈를 줄이고 목소리를 또렷하게 만드는 방법

야외에서 영상을 촬영하는 경우, 주변 소음이나 바람 소리가 함께 녹음되는 경우가 많다. 실내에서 촬영하는 경우에도 정말 비싸고 좋은 마이크가 아니라면 일반적으로 미세하게 "지지직" 하는 생활 노이즈가 들어가게 된다. 그런 소리를 줄이고 목소리를 또렷하게 만들어 보자. 노이즈를 줄이고 싶은 영상 또는 오디오 클립을 클릭한 후 편집 화면으로 들어간 후 [오디오] 탭을 클릭한다. 우측 상단에 [하이 패스 필터]라는 기능을 적용하면 생활 노이즈를 줄일 수 있다. 필터를 적용한 후 직접 영상을 재생하여 소리를 들어 보면서 원하는 만큼 알맞게 수치를 조절해 주면 된다.

6. 부드럽게 넘어가는 장면 전환, 트랜지션

트랜지션이란?

컷 편집을 하다 보면, 장면과 장면이 너무 끊어지듯 넘어가는 부분들이 생기기 마련이다. 영상의 장면을 부드럽게 전환하고 싶을 때 사용하는 기능이 바로 [트랜지션]이다. 트랜지션의 종류는 여러분이 생각하는 것 이상으로 무궁무진하게 많으나, 여러 기능을 사용하여 직접 만들어야 하는 고급 트랜지션은 3장에서 다루도록 하고, 여기서는 빠르고 쉽게 사용할 수 있는 기본 트랜지션에 대해 알아보자.

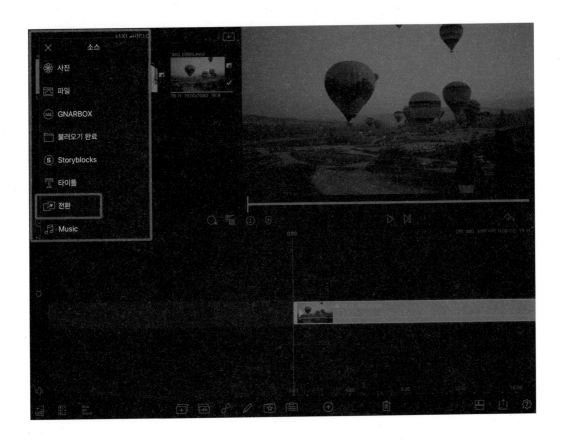

좌측 상단의 [Library Source]를 클릭하고, 목록 중에서 [전환] 버튼을 클릭한다. 여기서 [전환]은 장면 전환, 즉 [트랜지션]을 의미한다.

[전환] 버튼을 클릭하면 루마퓨전에서 기본으로 제공하는 트랜지션을 확인할 수 있다. 일반적으로 가장 많이 사용하는 트랜지션인 Cross Dissolve(앞 화면이 서서히 사라지면서 뒤 화면이 자연스럽게 나타나는 화면 전환 기법), Push 트랜지션 등 각종 트랜지션이 제공된다.

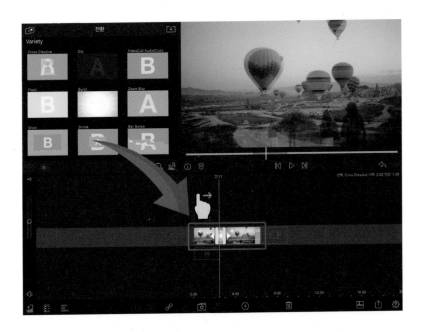

촬영한 영상을 가지고 오는 것과 동일한 방법으로 트랜지션을 가지고 올 수 있다.

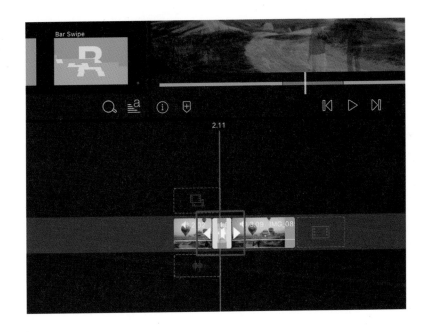

트랜지션은 말 그대로 "장면 전환 효과"이기 때문에, 영상과 영상 사이에 컷이 되어 있는 상태에서만 가지고 올 수 있다는 점을 명심하자!

7. 멋진 영상은 색감부터 다르다! 색감 보정

색감 보정의 중요성

VLOG나 여행 영상, 뷰티 영상과 같이 감성적인 영상에서는 색감으로 시작해서 색감으로 끝난 다고 할 정도로 색감 보정이 아주 큰 비중을 차지한다. 색감 보정만 잘되어 있다면, 아무런 효과 없이 찍은 영상도 멋진 영상이 된다. 푸른 하늘은 좀 더 푸르게, 피부는 더 생기 넘치게 만들어 더욱 보고 싶은 영상으로 만드는 것이 바로 색감 보정의 역할이다.

촬영한 영상 클립을 클릭한 후 편집 화면으로 들어가 [컬러 및 효과] 탭을 클릭한다. 우측 상단에 여러 탭이 보이지만, 색감 보정에 사용할 탭은 가장 앞에 있는 [컬러 프리셋] 탭이다. 처음부터 끝까지 직접 보정하는 경우에는 [원본]을 클릭하여 보정하면 된다. 이렇게 직접 색감 보정을 할 수도 있고, 루마퓨전에서 제공하는 프리셋, [색감 필터]를 입혀서 보정할 수도 있다. 거기다 이미 만들어져 있는 프리셋인 [색감 필터] 중에서 내가 보정하고자 하는 느낌과 가장 비슷한 필터를 적용한 후, 세부적으로 더 조절하여 내가 원하는 느낌으로 만들어 내는 것 또한 가능하다.

색감 보정은 색감을 구성하는 각 요소가 잘 어우러지도록 하나하나 조절해야 하므로 상당히 어려운 작업이다. 그렇기 때문에 필자는 보정하고자 하는 느낌과 가장 비슷한 필터를 적용한 후, 세부적으로 더 조절하여 내가 원하는 느낌으로 만들어 내는 방법을 가장 추천한다.

색감을 구성하는 각 요소 중 중요한 역할을 하는 요소들에 대해 알아보자.

[레벨]: 밝기의 레벨을 조절하는 버튼이다. 5개의 점으로 이루어져 있으며, 너무 밝은 부분을 조금 어둡게 한다거나 너무 어두운 부분을 밝게 하는 등의 섬세한 작업이 가능하다. 점을 터치해서 이동하는 방식으로 조절하며, 좌측이 어두운 부분, 우측이 밝은 부분이라 생각하면 된다.

[밝기]: [레벨]과 같이 밝기를 조절하지만, "밝아진다"라는 느낌보다는 "흰색이 덧씌워진다"라는 느낌이 강하다. 따라서 이 부분은 최대한 조절하지 않는 게 좋다.

[대조]: 밝은 부분과 어두운 부분을 조절한다. [대조]의 값을 높이면 밝은 부분은 더 밝게, 어두운 부분은 더 어둡게 변하고, 값을 줄이면 밝은 부분과 어두운 부분의 경계가 줄어든다. 여행 영상이나 VLOG에서는 대조 값을 낮게 해 주는 것이 좋다.

[채도]: 색의 진하기를 조절한다. [채도]의 값을 높이면 색깔이 더욱 진해지고, 값을 낮추면 색깔이 점점 빠지면서 최종적으로는 흑백 영상이 된다. 채도의 경우 취향의 차이가 심하게 갈리는 부분이라 직접 조절해 보고 원하는 값을 찾는 것이 좋다.

[진동]: [채도]와 비슷하게 색의 진하기를 조절하지만, 채도와는 조금 느낌이 다르다. 말로 설명할 수 없는 느낌이지만, 직접 조절해 보면 어떤 느낌인지 단번에 느낄 수 있기에 직접 조절해 보길 바란다.

8. 편집한 영상을 출력하여 마무리하자! 렌더링

편집한 영상을 동영상 파일로 만들어 내는 과정을 우리는 [렌더링]이라고 한다.

우측 하단의 [공유] 버튼을 클릭하면 4개의 목록이 생성되는 것을 확인할 수 있다.

[영화]: 편집한 프로젝트를 영상으로 출력하는 것을 말한다. 우리가 영상을 렌더링할 때 가장 많이 사용할 버튼이라 생각하면 된다.

[오디오 전용]: 편집한 프로젝트에서 영상을 제외한 음성 파일로만 렌더링하는 것을 말한다. 우리가 흔히 말하는 MP3 음악 파일처럼 렌더링 된다고 생각하면 된다.

[루마퓨전 프로젝트 패키지]: 지금까지 편집한 프로젝트 파일을 프로젝트 파일 그 자체로 내보내는 방식이다. 예를 들어, 지금까지는 A라는 아이폰으로 편집하다가, B라는 아이패드로 옮겨

서 작업해야 할 때, 프로젝트 파일 자체로 렌더링해서 B로 전송하면, A에서 작업하던 프로젝트 그대로를 B에서 작업할 수 있다.

[스냅샷]: 원하는 장면을 사진으로 렌더링하는 방식이다. 스크린샷을 찍는 버튼이라고 생각하면 된다.

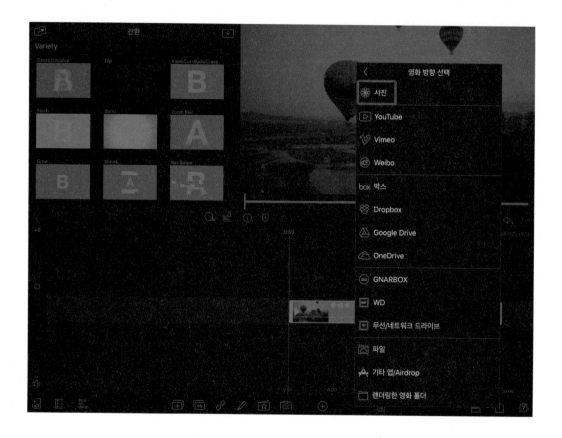

영상으로 렌더링하는 버튼인 [영화]를 선택하면 또다시 여러 목록이 나온다. "렌더링한 영상의 저장할 위치를 선택하는 부분이다. [사진] 버튼은 내 스마트폰의 사진첩에 저장하는 버튼이며, 그 밑으로 유튜브, 비메오같이 SNS 플랫폼에 바로 업로드할 수 있는 버튼, 드롭박스, 구글 드라이브와 같이 클라우드에 저장하는 방식 등이 제공된다.

사진첩에 저장하는 것이 가장 안정적으로 렌더링 되기 때문에 [사진]을 선택하는 것이 가장 좋다.

[사진] 버튼을 클릭하면 또 한 번 여러 가지 항목이 나오게 된다. 이 부분은 렌더링할 영상의 값을 설정하는 부분이다. 여기서 내가 원하는 값을 설정해 주면 되는데, [프로젝트 생성하기] 부분에서 설정했던 여러 값을 이곳에서 다시 설정해 주어야 한다. 여기서 3가지 값만 설정해 주면 된다.

[해상도]: 앞에서 설명했던 [프레임의 면]과 동일하게 화면 크기와 비율을 의미한다. 720p의 경우 1280×720 크기의 HD 화면을, 1,080p의 경우 1920×1,080 크기의 FHD 화면을 의미한다. 화면 크기가 클수록 화질이 좋은 것이 사실이나 영상 화면의 크기는 사실 처음 촬영할 때 결정되는 부분이므로, 촬영할 때 4k 크기로 찍었다면 4k를 선택하면 되고, 촬영할 때 1,080p의 크기로 촬영했다면 1080p로 선택하여 렌더링하면 된다.

[프레임 등급]: 앞에서 설명했던 [프레임 률]과 동일하게 "1초에 몇 장의 사진을 보여 줄 것인가?"를 선택하는 부분이다. 앞에서 설명했던 것처럼 내 영상이 토크, 예능, 정보 전달 등 그냥 일

반적인 영상이라면 30프레임, 부드러움이 필요한 게임 영상이라면 60프레임, 영상미를 보여 주는 VLOG나 여행 영상의 경우 24프레임을 선택해서 렌더링하면 된다. 사실 프레임 률 또한 촬영할 때 결정되는 부분이므로, 어떤 프레임 률을 선택해야 할지 모르겠다면 촬영본과 동일한 프레임 률을 선택하면 된다.

[동영상 품질]: 사실 이 부분은 어떤 걸로 선택하더라도 눈으로 차이를 구분하기는 힘들 정도다. 따라서 조금이라도 더 좋은 화질을 원한다면 [최고 품질]로, 렌더링 시간을 줄이고 영상의 용량을 줄이고 싶다면 [웹]으로, 그냥 적당한 평균을 원한다면 [표준 품질]을 선택하면 된다. 다시 한 번 말하지만 큰 차이는 없다.

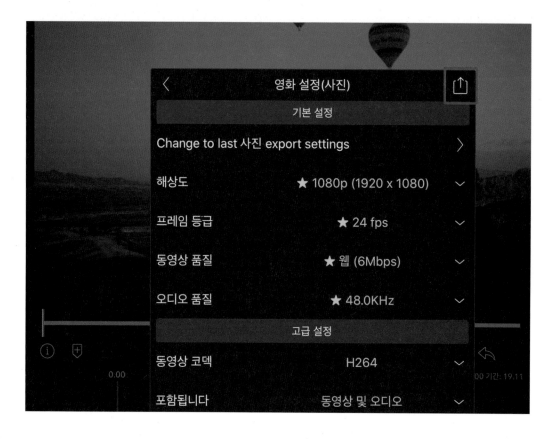

원하는 설정값을 다 입력했다면, 우측 상단의 버튼을 눌러 주면 본격적인 렌더링이 시작된다.

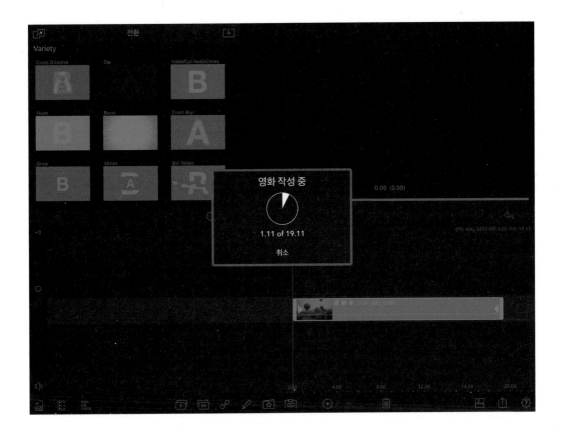

[영화 작성 중]이라는 문구가 뜨면 렌더링이 진행되고 있다는 뜻이다. 렌더링이 완료되는 데 걸리는 시간은 영상의 길이, 영상의 크기, 화질 등에 따라 천차만별이다. 여기서 주의할 점은, 렌더링이란 작업 자체가 상당히 많은 소요가 들어가는 작업이라, 렌더링 중에는 핸드폰으로 다른 작업을 하지 않고 가만히 두는 것이 좋다.

37장의 사진, 4개의 비디오

You　　　　　　　□ 앨범　　　　　　　Q 검색

렌더링이 완료되면 사진첩에서 작업한 영상을 확인할 수 있다.

이렇게 2장에서는 프로젝트 생성부터 렌더링까지 기본적인 편집 방법과 과정에 관해 설명했다. 지금까지 배운 것으로도 기본적인 영상은 충분히 편집할 수 있는 수준이 되었다. 3장에서는 루마퓨전의 심화 과정인 [키 프레임] 기능과 [영상 합성] 기능에 대해 알아볼 예정이다.

조금 어려운 개념들이 있지만, 이 기능들을 이해한다면 2장에서 배운 것과는 비교도 안 될 정도로 다양하고 무궁무진한 편집 스킬을 활용할 수 있으니 조금만 더 힘내서 학습하길 바란다.

Chapter 3

루마퓨전
심화 과정

1. 영상의 멋을 더하는 키 프레임

영상을 계속 편집하다 보면 가장 많이 듣고, 사용하게 되는 단어가 있다. 그것이 바로 지금 배워 볼 [키 프레임]이다. 여러분들이 학교에서 또는 사회에서 또는 유튜브에서 사진으로 만들어진 영상을 많이 봤을 것이다. 가장 대표적인 것이 바로 결혼식에서 볼 수 있는 웨딩 영상이다. 부부가 될 남녀의 사진을 영상으로 만들 때, 사진들이 좌우로, 아래위로 움직이기도 하고, 점점 커지거나 점점 작아지기도 한다. 이렇게 사진 또는 영상에 움직임을 만들어 주는 것을 우리는 [키 프레임]이라 한다.

사전적 의미의 키 프레임이란 "동영상 프로그램에서 움직임의 시작과 끝점"이다. 즉, 하나의 키 프레임을 지정한 후 다음 단계의 키 프레임을 다시 지정함으로써 이 두 키 프레임 사이의 화면 이동이 자연스럽게 생성되도록 하여 움직임을 만들어 낸다. 무슨 말인지 잘 모르겠다면, 예를 들어 보자.

앉아 있다가 일어서는 동작을 생각해 보자. 앉아 있는 모습은 첫 번째 키 프레임으로 지정하고, 일어선 모습은 마지막 키 프레임으로 지정하게 되면, 첫 번째 키 프레임인 앉아 있는 모습에서 마지막 키 프레임인 일어선 모습까지 자연스럽게 일어나는 움직임을 만들어 낸다. 이것이 바로 키 프레임이다.

키 프레임을 활용한 비디오 편집 심화 과정

위에서 이야기했듯이 우리는 키 프레임 기능을 활용하여 비디오에 움직임을 넣을 수 있다. 먼저 가장 기본이 되는 좌, 우로 움직이는 키 프레임을 만들어 보자.

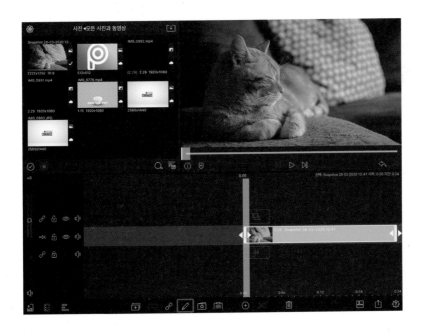

프로젝트를 생성하고 편집할 영상을 불러온 다음 하단의 연필 모양을 눌러 [클립 편집] 화면으로 이동한다.

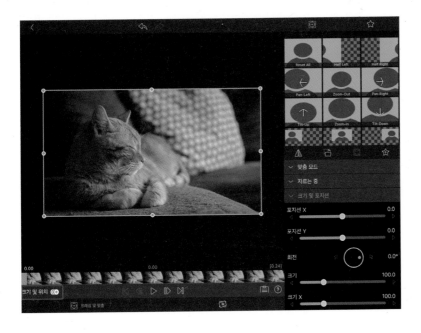

좌측 하단에 보면 [크기 및 위치] 옆 + 버튼이 바로 [키 프레임]을 추가하는 버튼이다.

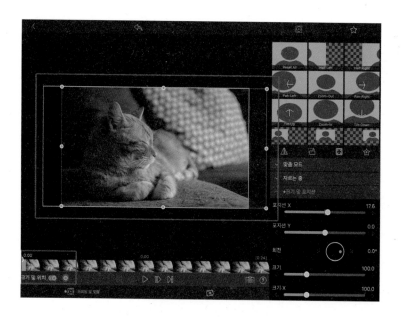

키 프레임을 추가하면 위쪽에 원형의 포인트가 생긴다. 첫 번째 키 프레임이 추가된 것이다. 이제 사진과 같이 영상을 우측으로 이동시켜 보자.

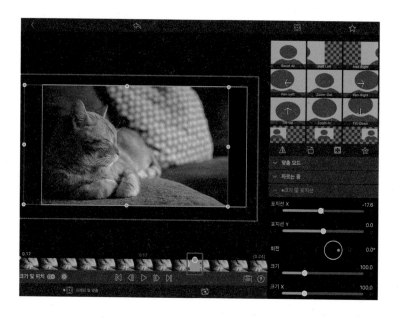

움직임을 멈추고 싶은 지점을 찾아 첫 번째 키 프레임을 추가했던 것과 동일한 방법으로 마지막 키 프레임을 추가한다. 그리고 사진과 같이 영상을 좌측으로 이동시키면 오른쪽에서 왼쪽으로 움직이는 영상이 완성된다. 이번엔 상, 하로 움직이는 영상을 만들어 보자.

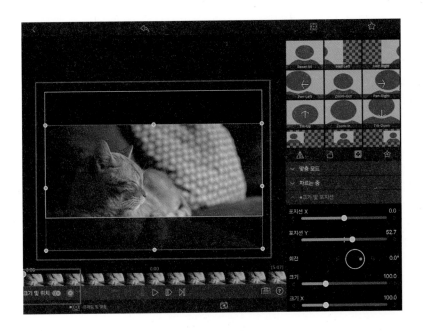

좌, 우로 이동하는 영상과 동일한 방법으로 키 프레임을 추가하고, 사진과 같이 영상을 아래로 이동시킨다.

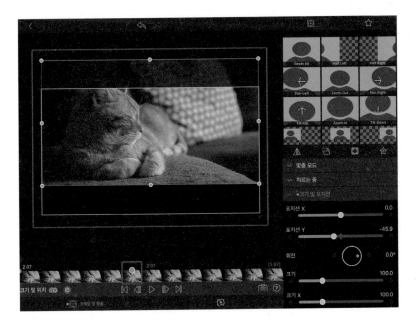

움직임을 멈추고 싶은 지점에 키 프레임을 추가하고, 사진과 같이 영상을 위로 이동시키면 상, 하로 움직이는 영상이 완성된다.

이번엔 점점 커지는 영상을 만들어 보자.

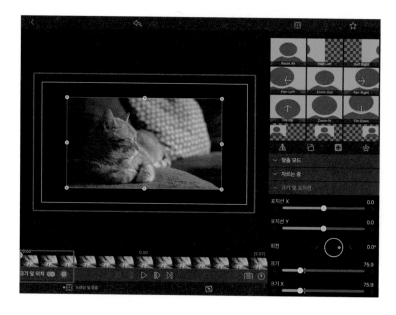

키 프레임을 추가하고, 사진과 같이 영상을 작게 만들어 준다.

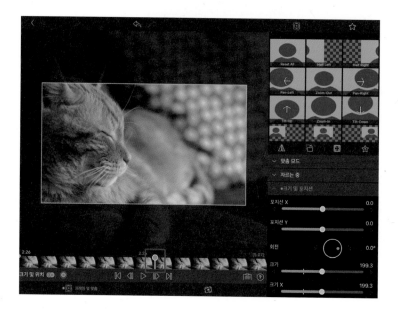

움직임을 멈추고 싶은 지점에 키 프레임을 추가하고, 사진과 같이 영상을 확대해 주면 점점 커지는 영상이 완성된다. 마지막으로 회전하는 영상을 만들어 보자.

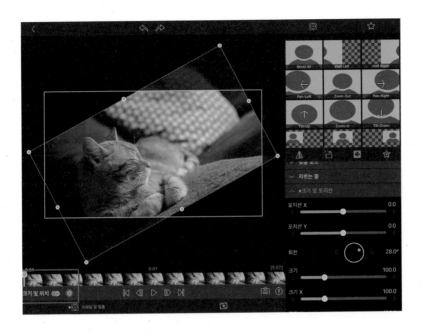

키 프레임을 추가하고, 사진과 같이 영상을 반시계 방향으로 회전시킨다.

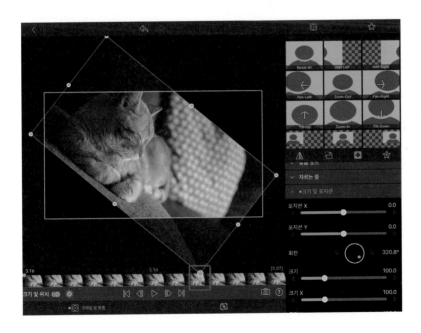

움직임을 멈추고 싶은 지점에 키 프레임을 추가하고 영상을 시계 방향으로 회전시켜 주면 회전
하는 영상이 완성된다.

키 프레임을 활용한 자막 편집 심화 과정

편집 프로그램에서는 자막 또한 하나의 영상으로 취급하므로, 영상에서 적용했던 키 프레임은 영상뿐만 아니라 자막에서도 동일하게 적용이 가능하다. 적용 방법 또한 앞에서 배웠던 것과 동일하다.

텍스트 레이어를 추가한 후 연필 모양을 눌러 [클립 편집] 화면으로 이동한다. 텍스트 레이어를 추가하는 방법이 기억나지 않는다면 2장의 [자막 삽입 및 꾸미기]에서 확인이 가능하다.

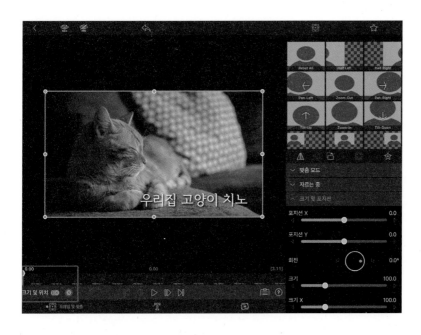

키 프레임을 추가하고 자막을 원하는 위치로 이동시킨다.

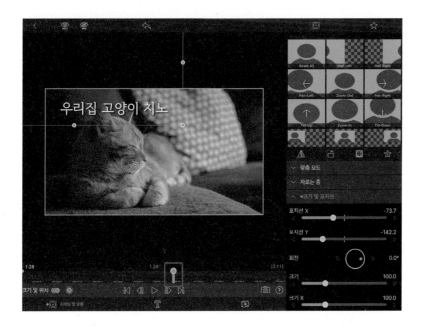

움직임을 멈추고 싶은 지점에 키 프레임을 추가하고, 자막을 원하는 곳으로 이동시켜 주면 움직이는 자막이 완성된다.

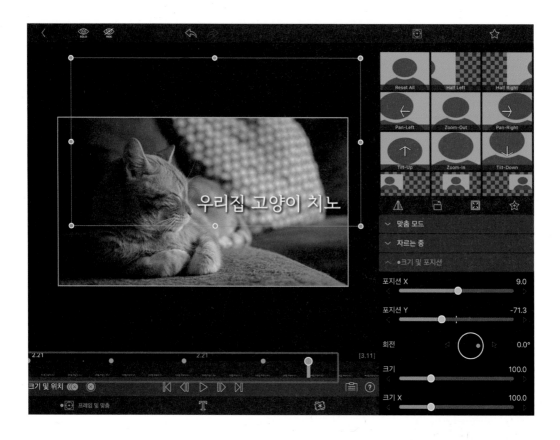

사진과 같이 여러 개의 키 프레임을 추가할 수도 있다. 이렇게 여러 개의 키 프레임을 추가하면 좌우, 상하처럼 한 방향이 아닌 여러 방향으로 이동하는 자막 또는 영상도 만들 수 있다.

처음에는 키 프레임이라는 개념이 이해가 잘 안 될 수 있다. 하지만 키 프레임은 영상 편집에 있어 반드시 알아야 할 개념이기 때문에 이해가 잘 안 된다면 반복 숙달하여 몸으로 익히도록 하자.

2. 영상을 합성해 보자! 크로마키/블렌딩 모드

영상 합성을 통해 우리는 영상을 조금 더 멋지게 만들 수 있다. 루마퓨전에서는 [크로마키] 기능
과 [블렌딩 모드] 기능을 통하여 영상을 합성할 수 있으며, 이 두 가지 기능은 간단한 영상을 합
성하는 데 가장 대중적으로 쓰이는 기능이라 할 수 있다.

크로마키 Chroma Key

색상의 차이를 이용하여 움직이는 피사체를 다른 화면에 합성하는 기법이다. 쉽게 설명하자면,
영상에서 특정 색깔을 선택해 해당 색상을 투명하게 만들어서 그 자리에 다른 영상을 합치는 것
이 원리이다. 이해가 어렵다면 직접 눈으로 보고 이해해 보자.

초록색 천을 배경으로 하여 촬영하는 모습은 많이 보았을 것이다. 이렇게 촬영한 영상에 모델을 제외한, 배경이 되는 초록색을 제거하고 다른 배경을 합성하는 게 바로 크로마키 기법이다.

크로마키 기능은 초록색뿐만 아니라 다양한 색상을 선택할 수 있다. 따라서 어떠한 색이든 기능을 사용하는 데는 지장이 없지만, 보통 크로마키를 적용할 때는 평소에 많이 쓰지 않는 원색의 초록색을 많이 사용한다.

우리가 크로마키 기능을 사용하려면 이처럼 초록색 배경으로 촬영한 영상이 있어야 하며, 배경이 될 영상 또한 필요하다. 유튜브에서는 주로 크로마키 형태로 만들어진 각종 영상 소스를 합성하는 데 사용한다.

(유튜브에 "크로마키 영상 소스"라고 검색해 보면 단번에 이해할 수 있을 것이다.)

위에서 말했던 것처럼 크로마키 효과를 적용하려면 배경이 될 영상, 배경이 초록색인 영상이 필요하다.

책에서는 위 두 개 영상을 크로마키 기능을 통하여 합성해 보겠다.

두 영상을 불러올 때 주의해야 할 점이 있다. 배경이 될 영상은 아래에, 크로마키 기능을 적용할 영상은 위쪽 트랙으로 배치해야 한다. 영상을 배치했다면 크로마키 기능을 적용할 영상 클립을 클릭한 상태로 [클립 편집] 화면으로 이동한다.

[컬러 및 효과] 탭으로 들어가 우측 상단에 열쇠 구멍 모양을 클릭하면 [크로마키] 기능을 사용할 수 있다. 첫 번째로 보이는 Green Screen key를 클릭해 준다.

클릭만 하더라도 어느 정도 초록색이 지워진 것을 볼 수 있을 것이다. 더욱 자연스러운 합성을 위해 하단의 각 수치를 조절해 줄 수 있다. 크로마키를 적용하는 각 영상마다 적정 수치가 달라지니 직접 조절해 보기를 추천한다.

블렌딩 모드 Blending Mode

블렌딩 모드는 말 그대로 영상을 혼합하는 합성 기능이다. 영상을 합성한다는 부분에서는 위에서 알려 준 크로마키 기능과 동일하지만, 합성하는 방법이 조금 다르다. 크로마키의 경우 특정 색상을 분리해서 합성했다면, 블렌딩 모드의 경우 영상 속 색상 정보가 없는 검은색 부분을 투명하게 만들어 자연스럽게 합성하는 기능이라 생각하면 된다.

블렌딩 모드는 일반적으로 크로마키처럼 피사체를 배경과 합성하기 위한 형태로 쓰이는 것이 아니라, 영상에 멋을 더하는 소스 합성의 형태로 많이 사용된다. (유튜브에 "오버레이 영상 소스"라고 검색해 보면 단번에 이해할 수 있을 것이다.)

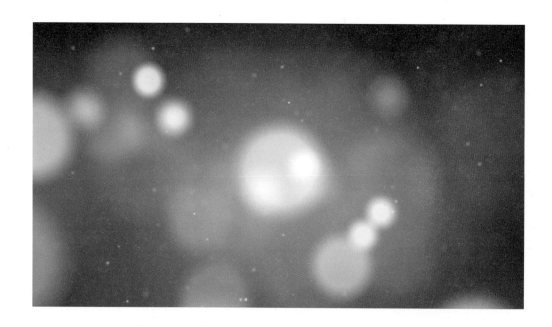

책에서는 위 영상을 [블렌딩 모드] 기능을 통하여 합성해 보겠다.

블렌딩 모드를 불러올 때 주의해야 할 점이 있다. 배경이 될 영상은 아래에, 블렌딩 보드 기능을 적용할 영상은 위쪽 트랙으로 배치해야 한다. 영상을 배치했다면 블렌딩 모드 기능을 적용할 영상 클립을 클릭한 상태로 [클립 편집] 화면으로 이동한다.

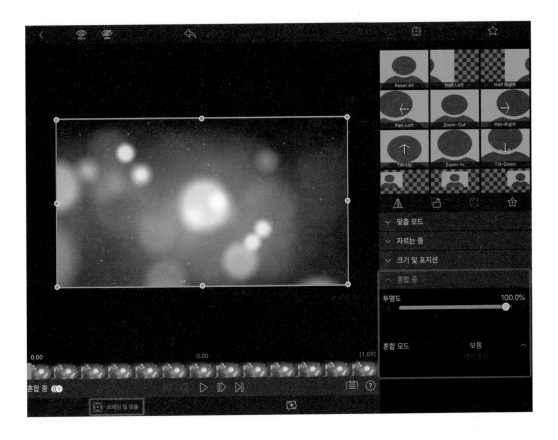

[프레임 및 맞춤] 탭으로 들어가 우측 하단에 혼합 중 버튼을 클릭하면 [블렌딩 모드] 기능을 사용할 수 있다.

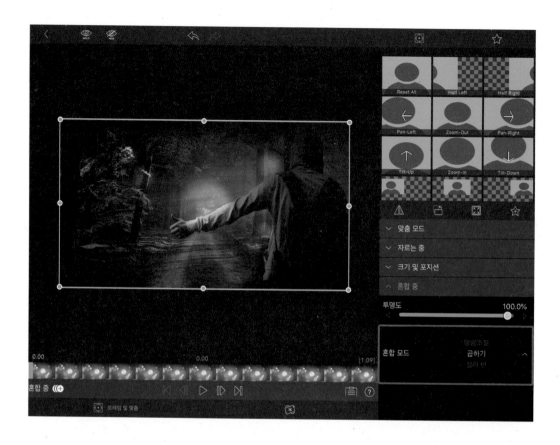

블렌딩 모드에는 합성하는 방법에 따라 다양한 기능이 제공된다. 26개의 합성 모드가 있으며, 각 모드마다, 사용하는 영상 소스마다 결과물의 느낌이 완전히 달라지니 직접 조절해 보기를 추천한다.

이렇게 블렌딩 모드의 종류를 바꾸는 것만으로도 다양한 연출이 가능하다.

이렇게 3장에서는 더 멋진 영상을 만드는 영상 편집의 심화 과정에 관해 설명했다. 지금까지 배운 것으로도 유튜브에 업로드되는 일반적인 영상들은 물론이며, 더욱 멋진 영상을 만들어 낼 수 있다. 4장에서는 우리가 가장 쉽게 접할 수 있는 일상 VLOG 또는 여행 영상에서 쓸 수 있는 실전 편집 스킬에 대해 알아볼 예정이다.

이제 얼마 남지 않았다. 조금만 더 힘을 낸다면 핸드폰으로도 정말 멋진 영상을 만들어 낼 수 있을 것이다. 파이팅!

루마퓨전
실전 편집 스킬

1. 이것만 알면 나도 인싸 VLOG 유튜버! VLOG 편집에 쓰기 좋은 효과들

지금부터 배울 것은 내가 만든 VLOG 영상을 조금 더 세련되고, 조금 더 힙하게 만들어 줄 실전 편집 기술이다. 일상 VLOG에 쓰기 좋은 효과부터 여행 영상 제작에 사용하기 좋은 효과들까지, 세련되고 힙한 효과들만 모았다.

인싸들의 자막 효과 1탄! 지나가는 자막

지나가는 자막은 자막이 화면 우측에서 좌측으로 쭉 지나가는 자막으로 유튜브 또는 예능에서 아주 많이 사용되는 자막 효과이다. 일반적으로 웃긴 상황이나 황당한 상황에서 "ㅋㅋㅋㅋㅋ"와 같은 단어들이 지나가는 형태로 많이 사용된다. 만드는 방법은 앞에서 배웠던 키 프레임을 활용해 자막을 편집했던 방법과 동일하다.

텍스트 레이어를 추가한 후 연필 모양을 눌러 [클립 편집] 화면으로 이동한다. 텍스트 레이어를 추가하는 방법이 기억나지 않는다면 2장의 [자막 삽입 및 꾸미기]에서 확인이 가능하다.

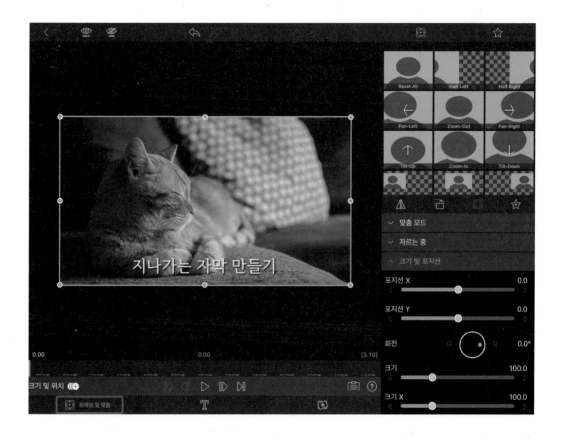

프레임 및 맞춤 탭으로 이동한다.

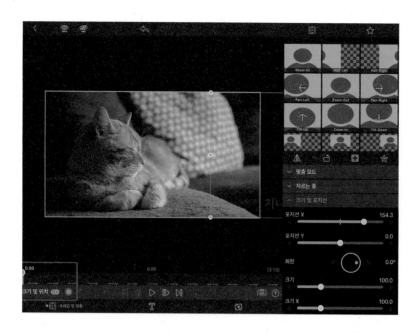

키 프레임을 추가해 주고 텍스트가 오른쪽 화면 밖으로 완전히 나가도록 이동시킨다.

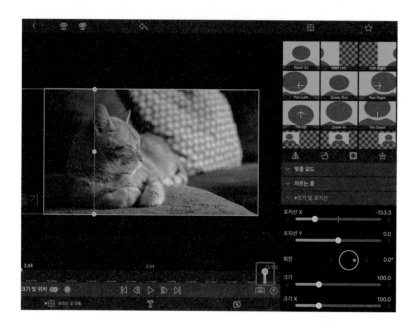

멈추고 싶은 시간에 키 프레임을 추가한 후 텍스트가 왼쪽 화면 밖으로 완전히 나가도록 이동시키면 우측에서 좌측으로 지나가는 자막이 완성된다.

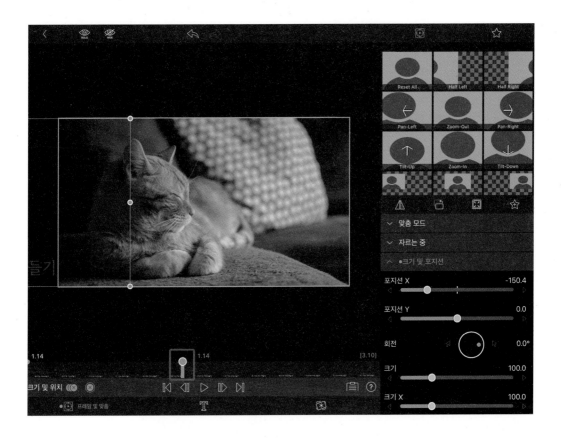

사진처럼 키 프레임 시간을 더 짧게 지정해 주면 자막이 지나가는 속도가 더 빨라지게 되니 원하는 속도가 되도록 적절히 조절해 주면 된다.

인싸들의 자막 효과 2탄! 영화 엔딩 크레딧 자막

같은 방법을 이용해서 아래에서 위로, 즉 영화의 엔딩 크레딧과 같은 효과도 만들어 낼 수 있다. 영상을 어떻게 마무리해야 할지 모르겠다면 영화 엔딩 크레딧 자막을 활용해 보자.

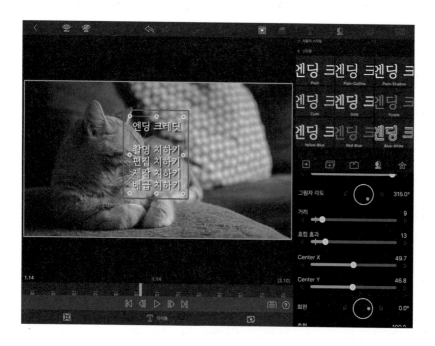

먼저 자막을 엔딩 크레딧과 유사하게 작성해 보자.

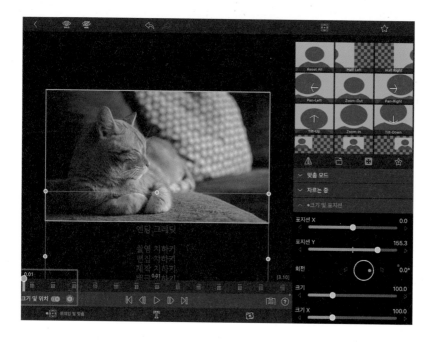

키 프레임을 추가해 주고 텍스트가 하단 화면 밖으로 완전히 나가도록 이동시킨다.

멈추고 싶은 시간에 키 프레임을 추가한 후 텍스트가 상단 화면 밖으로 완전히 나가도록 이동시키면 영화 엔딩 크레딧 자막이 완성된다.

인싸들의 자막 효과 3탄! 따라다니는 자막

자막 키 프레임을 활용하면 피사체를 따라다니는 자막도 만들 수 있다. 피사체를 따라다니는 자막의 경우 유튜브뿐만 아니라 각종 영상에서 다양하게 사용될 수 있는 범용성이 좋은 효과이니 꼭 기억해 두길 바란다.

책에서는 영상에 나오는 고양이의 손을 따라다니는 자막을 만들어 보겠다.

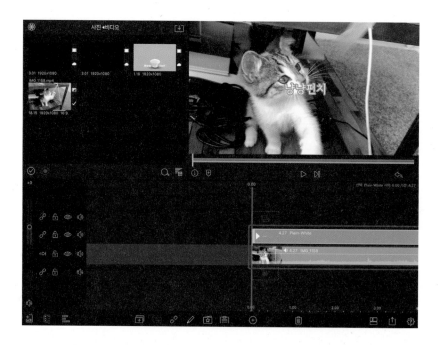

텍스트 레이어를 추가한 후 연필 모양을 눌러 [클립 편집] 화면으로 이동한다.

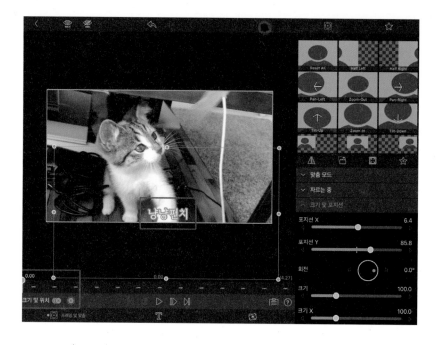

키 프레임을 추가하고 자막을 내가 따라다니게 하고 싶은 피사체로 이동시킨다.

피사체의 움직임에 따라 자막의 위치를 피사체로 이동시킨다. 이때 주의할 점은, 움직이는 피사체의 이동 방향이 변하면 꼭 그 지점에 키 프레임을 추가해 줘야 자연스럽게 만들 수 있다는 것이다.

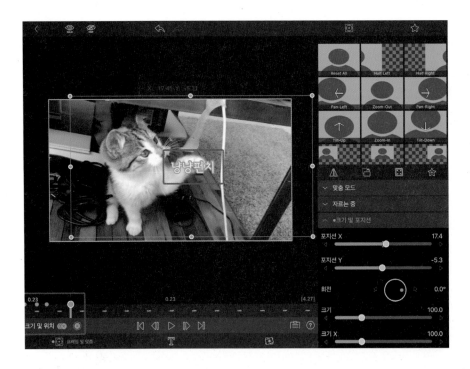

피사체의 움직임을 따라 따라가며 지속해서 키 프레임을 추가해 준다.

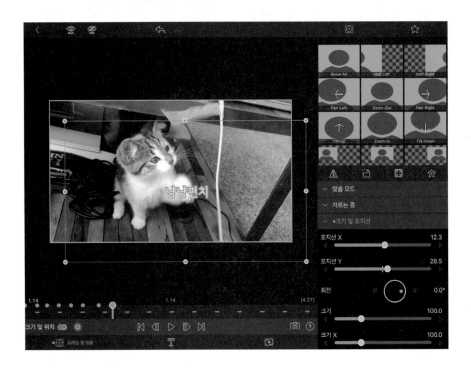

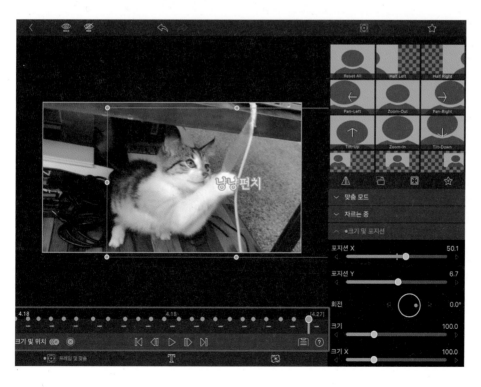

영상의 마지막까지 키 프레임을 추가하며 피사체를 따라 이동시켰다면, 따라다니는 자막이 완성된다. 위 사진처럼 키 프레임 작업을 촘촘하게 진행했다면 작업은 힘들지만 아주 자연스럽게 피사체를 따라다니게 된다.

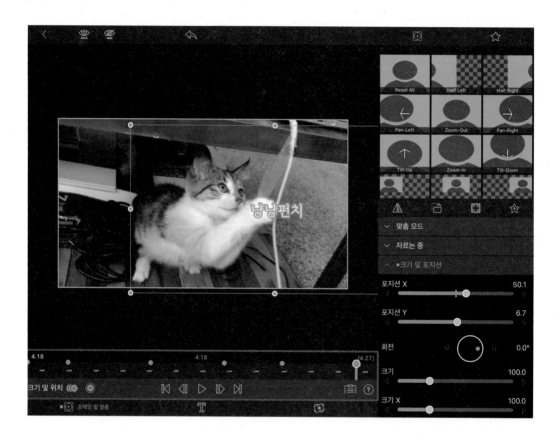

만약 위 사진처럼 키 프레임을 촘촘하지 않게 작업했다면, 작업은 편하지만 자막이 부자연스럽게 움직일 것이다. 따라서 해당 작업을 진행할 때는 힘들더라도 키 프레임을 촘촘하게 작업하길 바란다.

VLOG에 감성을 더하는 [테두리 넣기]

VLOG에 자신만의 감성을 더하는 방법은 무궁무진하다. 그중에서도 아주 손쉽게 감성을 극대화하는 영상에 테두리를 넣는 방법에 대해 알아보자.

[클립 추가] 버튼을 통해 [오버레이 자막 클립]을 추가한다.

[자막 클립]을 추가했다면 해당 클립을 클릭하고 연필 모양을 눌러 [편집 화면]으로 이동한다.

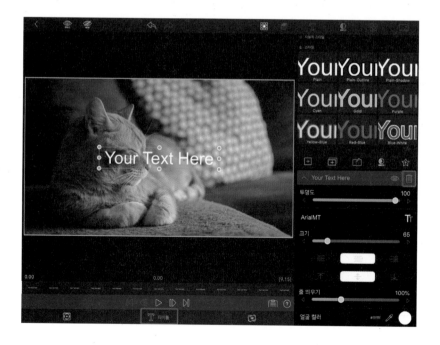

타이틀 탭에서 자동 생성된 [자막 레이어]를 삭제해 준다.

[레이어 추가] 버튼을 통해 [형태 레이어]를 추가한다.

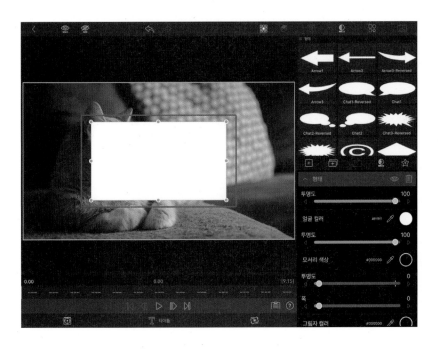

[형태 레이어]를 추가하면 위 사진과 같은 도형이 생성된다. 해당 도형으로 테두리를 만들 수 있다.

[도형 레이어]를 원하는 색상으로 변경하고, 테두리 형태로 만들어 준다.

[레이어 복사] 버튼을 통해 4개의 [형태 레이어]를 만들어 테두리를 만들면 완료된다.

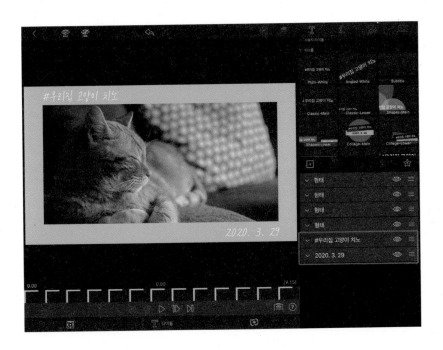

테두리 넣기를 응용하면, 텍스트를 추가하여 폴라로이드와 같은 느낌을 만들어 줄 수도 있다.

또한 중간선을 하나 더 추가하여 2개의 영상이 재생되는 듯한 더 세련된 느낌을 줄 수도 있다.

찍지 말아야 할 것을 찍어 버렸다! [모자이크]

촬영을 하다 보면, 찍지 말아야 할 것들을 찍을 때가 있다. 대표적으로 자동차 번호판, 타인의 얼굴 등이다. 물론 개인 소장할 영상이라면 상관없겠지만, 유튜브 등 온라인 플랫폼에 업로드될 영상이라면 초상권 침해, 개인 정보 유출 등의 심각한 문제로 이어질 수 있다. 따라서 영상에 타인의 얼굴이나 자동차 번호판 같은 개인 정보가 포함되어 있다면 반드시 모자이크해야 한다.

지금부터 기본적인 모자이크를 하는 방법과 움직이는 사람을 따라다니는 모자이크를 만드는 방법에 대해 알아보겠다.

먼저 모자이크가 필요한 영상을 타임라인으로 가져온 후, [클립 복사] 버튼을 통해 영상을 복사한다.

복사된 영상을 상단 트랙과 동일한 위치에 둔 후, 연필 모양을 눌러 [편집 화면]으로 이동한다.

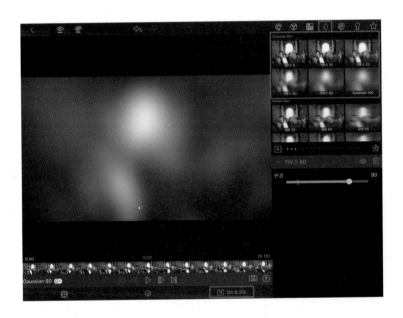

주로 사용하는 모자이크 스타일은 총 2가지이다. 첫 번째는 영상을 흐리게 만들어 모자이크해 주는 방법인데, [컬러 및 효과] 탭, 물방울 모양의 [블러] 항목에서 [Gaussian Blur] 기능을 통해 흐린 화면을 만들어 줄 수 있다.

만약 흐린 화면보다 일반적인 모자이크가 더 좋다면, [컬러 및 효과] 탭, 나선형 모양의 [왜곡] 항목에서 [Pixelate] 기능을 통해 모자이크 화면을 만들어 줄 수 있다.

원하는 모자이크 형태를 선택 후 [포지션 및 맞춤] 탭으로 돌아와 [자르는 중] 항목으로 이동한다.

[자르는 중] 기능으로 내가 모자이크하고 싶은 부분만 자르면 기본적인 모자이크는 완성된다.

만약 움직이는 사람을 따라다니며 모자이크되길 원한다면, 키 프레임 기능을 통해 만들어 줄 수 있다. 해당 영상에 키 프레임을 추가해 준다.

앞에서 배운 [피사체를 따라다니는 자막]과 같은 방법으로, 모자이크하고 싶은 대상을 따라 이동하며 키 프레임을 추가해 주면 따라다니는 모자이크가 완성된다.

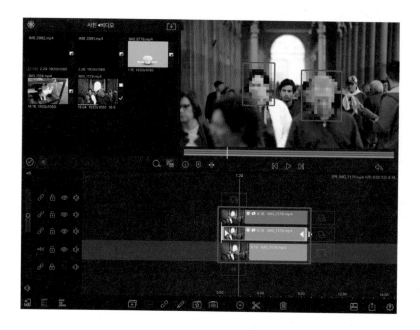

만약 한 명 이상의 대상을 모자이크해야 한다면, 클립을 하나 더 복사하여 동일한 방법으로 진행해 주면 다중 모자이크를 만들 수 있다.

레트로 감성 더하기! [오래된 비디오 효과]

최근 가장 유행하는 단어가 바로 "레트로"와 "뉴트로"이다. 내 VLOG 영상에도 최신 트렌드인 레트로 감성을 추가하여 더 세련된 영상을 만들어 낼 수 있다. 지금부터는 레트로 감성을 더해 줄 오래된 비디오 효과를 만들어 보자.

효과를 적용할 영상을 타임라인에 위치시키고, 연필 버튼을 눌러 [편집 화면]으로 이동한다.

[컬러 및 효과] 탭의 [컬러 프리셋] 항목에서 [원본]을 클릭하여 색감을 보정한다. 색감을 보정하는 방법이 기억나지 않는다면, 2장의 [멋진 영상은 색감부터 다르다]에서 확인 가능하다.

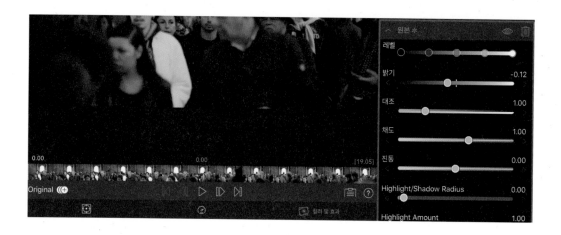

오래된 느낌의 영상을 표현하는 방법은, 노란색 필터를 과하게 넣고, 영상을 조금 어둡게 하고, 채도를 조금 낮게 그리고 대조를 조금 낮게 설정하면 일반적으로 오래된 영상의 느낌을 줄 수 있다. 그러나, 사용하는 영상에 따라 다르니 직접 조절해 보길 추천한다.

오래된 비디오의 노이즈 느낌을 추가하기 위해 [효과] 항목의 [Hatch Screen] 기능을 추가한다. 아래 수치를 조절하여 원하는 느낌의 노이즈를 만들어 준다.

노이즈까지 추가했다면, 더 오래된 비디오의 느낌을 추가해 주기 위해 영상 화면을 현재 16:9 비율이 아닌 아날로그 TV인 4:3 비율로 만들어 주자. 좌측 상단의 뒤로 가기 버튼을 눌러 기본 프로젝트 화면으로 돌아와 [클립 추가] 버튼을 통해 [오버레이 자막 클립]을 추가한다.

타이틀 탭에서 자동 생성된 [자막 레이어]를 삭제해 준다.

[레이어 추가] 버튼을 통해 [형태 레이어]를 추가한다.

[형태 레이에]를 추가하면 위 사진과 같은 도형이 생성된다.

도형을 적당한 크기로 변형하여 좌측으로 위치시킨다.

[레이어 복사] 버튼으로 [형태 레이어]를 복사하여 우측에도 똑같이 위치시킨다.

여기까지 완료했다면 레트로 감성이 가득한 4:3 비율의 오래된 비디오 효과가 완성된다.

2. 세로로 찍은 영상도 멋지게 편집해 보자!

VLOG를 촬영하는 사람들, 그중에서도 특히나 핸드폰으로 촬영하는 분들은 영상을 세로로 촬영하는 경우가 있다. 우리가 보는 영상이 대부분 가로로 진행되는 만큼, 세로로 편집된 영상을 가로로 편집할 때는 영상의 상당 부분을 잘라 내야 하는 경우가 생긴다. 만약 세로로 촬영한 영상이 자신의 셀카 영상이라고 생각해 보자. 이 영상을 가로로 편집하려고 크기를 맞추면 얼굴의 눈과 코 부분만 보일 만큼 확대해야만 한다.

하지만 오늘부터 여러분들은 세로로 촬영한 영상도 멋지게 편집하게 될 것이다.

세로로 촬영한 영상을 메인 트랙으로 가져온다.

[클립 복사] 버튼을 클릭해 영상을 복사한 후, 영상이 겹쳐지도록 1번 트랙으로 이동한다.

메인 트랙에 있는 영상을 클릭한 후 연필 모양의 [클립 편집] 버튼을 통해 편집 화면으로 이동한다.

[프레임 및 맞춤] 탭에서 [맞춤 모드] 항목으로 이동한다.

[맞춤 모드] 항목의 [Fill] 기능을 통해 좌우로 꽉 찬 영상이 되도록 만들어 준다.

[컬러 및 효과] 탭의 [블러] 항목에서 [Gaussian Blur] 기능을 통해 흐린 화면으로 만들어 준다.

[뒤로 가기] 버튼을 통해 편집 화면을 빠져나온 후 1번 트랙에 있는 복사된 영상 클립을 선택한 후 다시 연필 모양의 [클립 편집] 버튼을 눌러 편집 화면으로 이동한다.

[프레임 및 맞춤] 탭의 [맞춤 모드] 항목에서 [Fit] 기능을 통해 세로 영상의 상하를 화면에 맞도록 설정해 준다.

여기까지 진행했다면 세로로 찍은 영상도 가로 영상으로 멋지게 편집할 수 있을 것이다.

3. 이것만 알면 고퀄 여행 영상도 거뜬히: 여행 영상 편집에 쓰기 좋은 효과들

많은 사람이 가족, 친구 또는 연인과 여행을 다녀온 추억을 멋진 영상으로 만들고 싶어 한다. 하지만 우리가 일반적으로 유튜브에서 접하는 여행 영상들은 너무 퀄리티가 높아 보이고, 따라 하고 싶어도 따라 할 수 없을 것 같다는 생각이 든다면 그건 착각일 뿐이다. 실제로 여행 영상에서 자주 쓰이는 효과들을 만들기란 그리 어렵지 않다.

지금부터는 여행 영상에서 정말 자주 쓰이는 편집 스킬에 대해 다뤄 볼 예정이며, 이 편집 스킬들만 활용해도 누구보다 멋진 여행 영상을 만들 수 있을 것이다.

멋진 인트로 만들기 1탄 [초점 조정 인트로]

아마 여행 영상을 만들려고 유튜브에서 관련 영상을 찾아본 사람이라면 한 번은 꼭 보았을 편집 기술로, 초점이 맞지 않는 것처럼 흐린 화면에서 점점 초점이 맞춰지는 감성 넘치는 편집 기술이다. 특히 인트로로 사용하기 좋아서 많은 사람이 여행 영상 인트로로 사용하고 있다.

편집할 영상을 클릭하고 연필 모양의 [클립 편집] 버튼을 눌러 편집 화면으로 이동한다.

[컬러 및 효과] 탭의 [블러] 항목에서 [Gaussian Blur] 효과를 추가한다.

영상의 처음 부분에 [키 프레임]을 추가한다.

초점이 맞추어질 지점에 키 프레임을 추가하고 [Gaussian Blur] 효과를 0으로 만들어 흐림 효과가 사라지도록 설정하면 점점 초점이 맞춰지는 [초점 조정 인트로]가 완성된다.

키 프레임의 길이에 따라 인트로의 시간을 조절할 수 있다.

멋진 인트로 만들기 2탄 [시네마틱 인트로]

아무것도 나오지 않는 화면에서 상하로 열리며 영상이 시작되는 [시네마틱 인트로]를 만들어 보자.

편집할 영상을 클릭하고 연필 모양의 [클립 편집] 버튼을 눌러 편집 화면으로 이동한다.

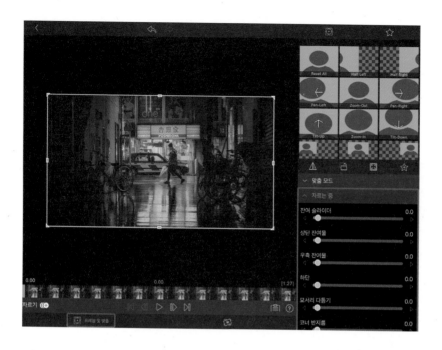

[프레임 및 맞춤] 탭에서 [자르는 중] 기능을 선택한다.

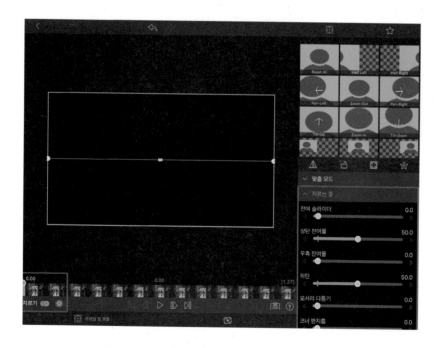

영상 처음 부분에 키 프레임을 추가하고 상단, 하단의 수치를 각 50으로 조절한다.

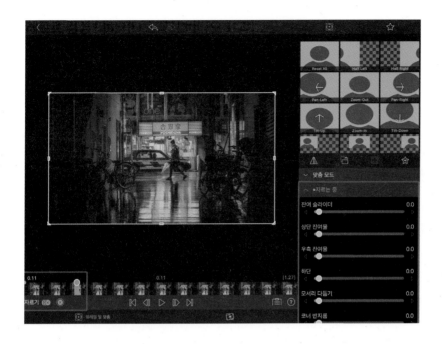

화면이 완벽하게 열릴 지점에 키 프레임을 추가하고 잘라 냈던 상단, 하단의 수치를 다시 0으로 조절하면 [시네마틱 인트로]가 완성된다.

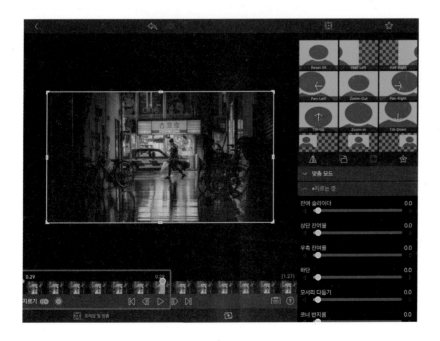

키 프레임의 길이에 따라 인트로의 시간을 조절할 수 있다.

여행 영상의 감초 같은 효과 1탄 [영화 같은 화면 비율]

내가 만든 여행 영상에서 영화와 같은 느낌이 난다면 정말 좋지 않을까? 영화 같은 느낌을 내는 것은 전혀 어렵지 않다. 화면의 비율만 영화처럼 설정해도 내 영상은 한 편의 영화가 된다.

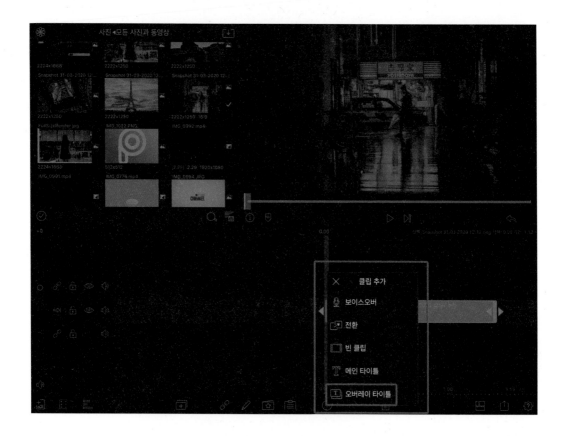

[클립 추가] 버튼을 클릭해 [오버레이 자막 클립]을 생성한다.

[자막 클립]을 클릭한 후 연필 모양 버튼을 눌러 [클립 편집] 화면으로 이동한다.

[타이틀] 탭에서 자동으로 생성된 [자막 레이어]를 삭제한다.

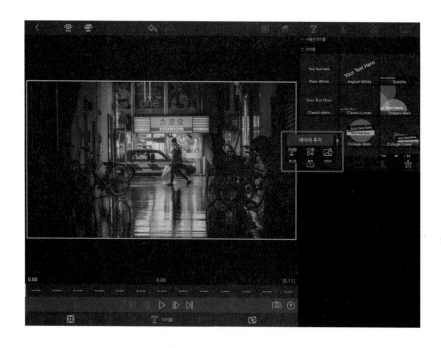

[레이어 추가] 버튼을 클릭해 [형태 레이어]를 추가한다.

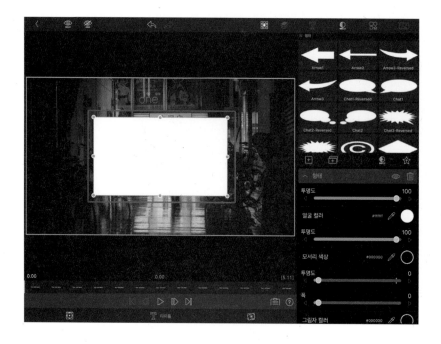

[형태 레이어]를 추가하면 화면과 같은 도형이 생긴다.

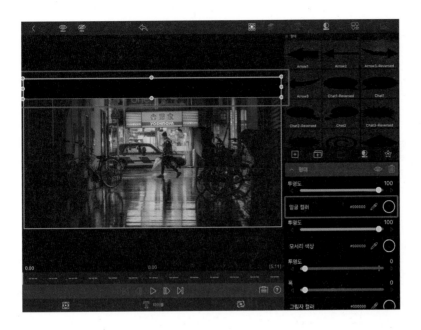

도형의 색상을 검은색으로 변경하고 모양을 위 사진처럼 변경해 화면의 상단으로 배치한다.

[레이어 복사] 버튼을 클릭해 도형을 복사한 후 위 사진처럼 화면의 하단으로 배치하면 영화를 보는 것과 같은 화면 비율을 완성할 수 있다.

완성한 [자막 클립]을 사진과 같이 길게 늘여 놓으면, 이후 메인 트랙으로 가져올 다른 영상에도
영화 같은 화면 비율 효과를 쉽게 적용할 수 있다. 다음 예시 사진을 보자.

여행 영상의 감초 같은 효과 2탄 [비네팅 효과]

비네팅Vignetting이란 렌즈 주변부의 빛의 양이 적어 영상의 외곽이나 모서리 부분이 어둡게 나오는 현상을 말한다. 보통은 그냥 빛의 양이 적어서 발생하는 현상 중 하나이지만, 최근에는 이 비네팅 효과를 중앙의 물체에 시선이 가도록 하려고 일부러 만들기도 한다. 비네팅 효과를 사용하면 조금 더 느낌 있는 영상을 만들어 낼 수 있다.

비네팅을 적용할 영상을 가져온 후 연필 모양의 [클립 편집] 버튼을 눌러 편집 화면으로 이동한다.

[컬러 및 효과] 탭의 [효과] 항목에서 [Vignetting] 효과를 추가한다.

비네팅 기능을 클릭하고 하단의 수치를 조절하는 것만으로도 아주 멋진 비네팅 효과를 만들어 낼 수 있다. 적용 전의 사진과 비교해 보면 중앙의 피사체에 시선이 집중되면서 더 느낌 있는 영상을 만들어 낼 수 있다.

이것만 알면 나도 인싸 편집자 1탄 [타임 랩스 만들기]

타임 랩스는 여행 영상에서 절대 빠질 수 없는 영상 중 하나로 손꼽힌다. 타임 랩스란 움직이는 대상 또는 특정한 장소를 일정한 시간적 간격을 두고 촬영하는 기법이다. 우리가 주로 접해 봤던 타임 랩스 영상은 식물의 싹이 돋아나 꽃이 피고 열매가 맺히는 장면, 구름의 이동 장면, 일몰 장면과 같은 긴 시간에 걸쳐 일어나는 각종 과정을 시간을 압축해 보여 주는 영상이다.

쉽게 설명하자면 이런 종류의 영상들을 의미한다. 잘 모르겠다면 유튜브에서 [타임 랩스]를 검색해 보면 어떤 영상인지 바로 알 수 있을 것이다. 이런 종류의 영상은 주로 높은 곳에서 전체적인 모습들이 보이도록 촬영하는 게 일반적이며, 그렇게 촬영해야 타임 랩스의 느낌을 담을 수 있다. 앞에서 설명한 것처럼 타임 랩스는 촬영 기법이다. 하지만 짧은 타임 랩스 영상의 경우 해당 기능을 이용해 촬영하는 것보다 편집으로 만드는 것이 더 쉽고 간단하다.

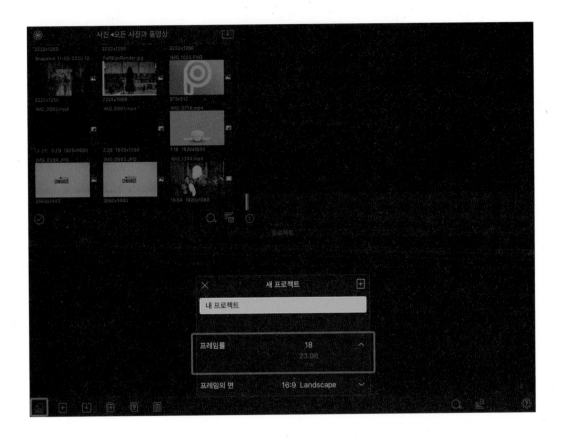

일반적으로 촬영한 영상을 타임 랩스로 만들려면 프로젝트를 생성할 때부터 설정을 조금 다르게 해야 한다. [프로젝트 생성] 버튼을 누른 후 프레임 률을 가장 낮은 숫자인 18로 설정한 후 프로젝트를 생성한다.

타입 랩스 효과를 추가할 영상을 클릭하고 연필 모양의 [클립 편집] 버튼을 눌러 편집 화면으로
이동한다.

[속도 및 뒤로 돌리기] 탭으로 이동한다.

영상의 속도를 가장 빠른 6배속으로 설정한다.

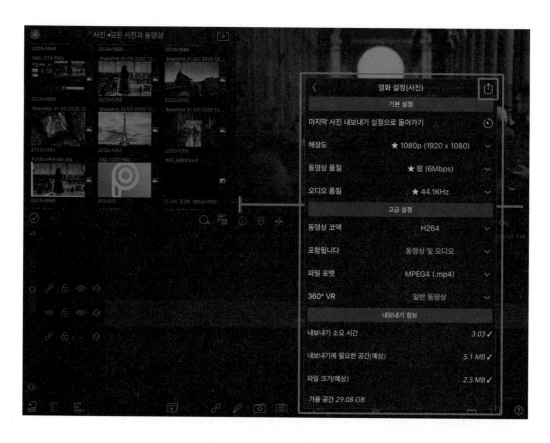

그 상태에서 바로 영상을 [렌더링]해 주면 [타임 랩스]와 같은 효과가 완성된다. 렌더링하는 방법이 기억나지 않는다면 2장의 [편집한 영상을 출력하여 마무리하자]에서 확인 가능하다.

만약 조금 더 속도감 있는 영상을 만들고 싶다면, 해당 과정을 2~3번 반복해 주면 된다.

이것만 알면 나도 인싸 편집자 2탄 [미니어처 효과]

tvN에서 방영했던 예능 프로그램 "윤식당"에서 미니어처 효과를 사용하면서 많은 사람에게 알려진 편집 효과이다. 미니어처 효과는 촬영한 피사체들이 "미니어처"처럼 보인다고 하여 붙여진 이름으로, 잘 모르겠다면 유튜브에서 [윤식당 미니어처]라고 검색해 보면 영상들을 확인할수 있다. 해당 효과를 효과적으로 사용하려면 반드시 위에서 배웠던 타임 랩스 형태로 촬영한 영상이 필요하다. 실제 윤식당에서도 드론으로 촬영된 타임 랩스 형태의 영상에 주로 사용되었다. 만약 여행에서 타임 랩스 영상을 촬영했다면, 이 미니어처 효과를 활용해 보자.

미니어처 효과를 적용할 영상을 클릭한 후 연필 모양의 [클립 편집] 버튼을 눌러 편집 화면으로 이동한다.

[컬러 및 효과] 탭의 [컬러 프리셋] 항목에서 [원본]을 클릭한다.

장난감 같은 느낌이 들도록 색감을 보정한다. 주로 조절할 항목은 총 3가지로 [대조], [채도], [진동]이다. 일반적으로는 이 3가지 항목의 수치를 높이면 되는데, 사용하는 영상마다 색감의 차이가 있으니 직접 영상을 보면서 조절해 보길 추천한다.

색감을 조절했다면 [뒤로 가기]를 눌러 타임라인으로 돌아온 후, [클립 복사] 버튼을 눌러 영상을 복사한다. 복사한 영상은 기존 영상의 바로 위 트랙으로 이동한 후, [클립 편집] 버튼을 클릭한다.

[프레임 및 맞춤] 탭의 [자르는 중] 기능을 통해 영상의 상·하단을 잘라 준다. 이때 메인 트랙에도 똑같은 영상이 깔려 있어 잘라 내더라도 별다른 차이가 느껴지지 않는다. 따라서 사진에서 보이는 정도로 잘라 주면 되며, [모서리 다듬기] 부분도 조절해 준다. 수치는 약 40~50 정도가 적당하지만, 영상마다 다르니 직접 영상을 보며 조절해 보길 바란다.

완료했다면 [뒤로 가기]를 눌러 다시 타임라인으로 돌아온 후, 메인 트랙에 있는 영상을 클릭하고 [클립 편집] 버튼을 눌러 편집 화면으로 이동한다.

[컬러 및 효과] 탭의 [블러] 항목에서 [Gaussian Blur] 기능을 추가한다. 수치는 영상마다 적정 수치가 다르니 직접 조절해 보고 가장 적정한 수치를 사용하길 추천한다.

완료했다면 [뒤로 가기]를 눌러 다시 타임라인으로 돌아온 후, 마지막으로 1번 트랙에 있는 복사한 영상을 클릭하고 [클립 편집] 버튼을 눌러 편집 화면으로 이동한다.

[컬러 및 효과] 탭의 [효과] 항목에서 [Posterize] 기능을 이용해 [스톱 모션]의 느낌을 추가한다. 수치는 직접 조절해 보자. 여기까지 완료했다면 미니어처 효과가 완성된다.

편집 전 영상과 비교해 보면 확연한 차이를 느낄 수 있다.

4. 유튜브 영상의 꽃! 예능 영상 만들기: 예능 영상 편집에 쓰기 좋은 효과들

유튜브에서 가장 핫한 영상은 처음 유튜브가 성장하기 시작했던 시기부터 지금까지 변함이 없다. 바로 예능 영상이다. 특히 지금은 공중파 및 지상파 예능들까지 유튜브로 진입하는 상황인 만큼 예능 영상을 향한 시청자들의 사랑은 끊이지 않는다. 따라서 우리의 VLOG 영상도 조금 더 예능적인 요소를 추가한다면 더 많은 시청자에게 사랑받을 것이다. 지금부터 유튜브 예능 영상에서 많이 쓰이는 효과들에 대해 알아보자.

인싸 예능 영상 만들기 1탄 [순간 이동 효과]

순간 이동 효과는 출연자가 점프하는 순간 장소가 바뀌는 효과를 말한다. 비슷한 효과로는 점프하면 옷이 바뀌는 효과가 있다. 과거 TV 예능에서 끊임없이 등장했던 효과였고, 현재 레트로 및 뉴트로 붐이 불면서 각종 인기 예능에서 다시 사용되고 있다.

이 순간 이동 효과를 만들려면 촬영이 가장 중요하다. 촬영할 때, A라는 장소에서 점프하는 영상을 촬영하고, 다시 장소를 옮겨 B라는 장소에서 점프하는 영상을 똑같이 촬영해야 한다.

이렇게 각각 다른 장소에서 똑같은 구도와 포즈로 점프하는 영상을 촬영하면 된다. 주의할 점은 각각 다른 장소에서 등장하는 사람의 위치나 크기 등이 비슷하면 비슷할수록 더 자연스러운 효과가 완성된다.

루마퓨전 앱을 켜고 [프로젝트 생성] 버튼을 클릭한 다음 새로운 프로젝트를 생성한다.

A 장소에서 촬영한 영상을 가져온다.

점프하는 지점에서, 점프의 높이가 가장 높은 지점에서 영상을 분할하고 뒤 영상은 삭제한다.

다음으로 B 장소에서 촬영한 영상을 첫 번째 영상 뒤로 가져온다.

동일하게 점프의 높이가 가장 높은 지점에서 영상을 분할하고, 이번에는 뒤 영상이 아닌 앞 영상을 삭제한다.

여기까지 완료했다면 점프하면서 A 장소에서 B 장소로 순간 이동하는 영상이 완성된다.

인싸 예능 영상 만들기 2탄 [특정 부분 확대하기]

특정 부분을 확대하는 효과는 유튜브 예능 영상에서 가장 많이 나오는 효과 중 하나이다. 예를 들어 눈을 확대하며 "동공 지진"이라는 자막을 쓰거나 멀리 있는 특정인의 표정을 강조할 때 얼굴만 크게 확대하는 등의 효과이다. 지금부터 특정 부분을 확대하는 효과에 대해 알아보자.

특정 부분을 확대할 영상을 가져온다.

가져온 영상을 복사하여 바로 위 1번 트랙으로 이동시킨다.

1번 트랙으로 이동시킨 복사된 영상을 클릭하고 확대할 지점을 찾은 뒤, 연필 모양의 [클립 편집] 버튼을 클릭하여 편집 화면으로 이동한다.

[프레임 및 맞춤] 탭에서 [자르는 중] 항목으로 이동한다.

[자르는 중] 기능을 통해 확대할 특정 부분만 남기고 나머지는 다 잘라 준다.

여기서 중요한 것은 [모서리 다듬기] 기능과 [코너 반지름] 기능을 적절히 활용하여 영상이 자연스럽게 확대되도록 하는 것이다.

완료했다면 [크기 및 포지션] 항목으로 이동한다.

영상의 크기를 확대해 준다.

확대한 영상을 기존 영상과 자연스럽게 어울리도록 이동하여 배치한다. 예를 들어 얼굴을 확대
했다면, 어깨 라인을 맞춰 줄 경우 자연스러워진다.

여기까지 완료했다면 특정 부분을 확대한 영상이 완성된다.

인싸 예능 영상 만들기 3탄 [카페○○ 엔딩 효과]

카페○○ 엔딩 효과를 쉽게 설명하자면, 드라마의 엔딩 장면을 생각하면 된다. 영상이 멈추고 하단에 광고 배너가 등장하며 음악이 나오는, 드라마를 많이 보는 분이라면 누구나 아는 장면이라 생각한다. 과거 인기 시트콤에서 [카페○○]라는 기업의 하단 배너를 사용한 엔딩 장면이 인기를 끌면서 사용되었고, 아직도 많은 예능 영상에서 사용되는 효과이다. 이해가 잘되지 않는다면 유튜브에 [카페○○ 엔딩]이라고 검색하면 관련 영상을 찾아볼 수 있다.

이 효과를 가장 적절하게 사용하려면 효과의 특징을 이해할 필요가 있다. 미래가 예견되는 아주 난감한 상황이 일어났을 때, 그 일이 일어나기 직전에 이 효과를 주로 사용한다.

누구나 이 사진을 보면 곧 이 사람은 바나나를 밟고 우스꽝스럽게 넘어질 것을 예상하게 된다. 이러한 상황에서 사진처럼 바나나를 밟기 직전에 [카페○○ 엔딩] 효과를 넣어 준다면, 아주 센스 있고 위트 있는 영상이 될 것이다.

지금부터 [카페○○ 엔딩 효과]를 만들어 보자.

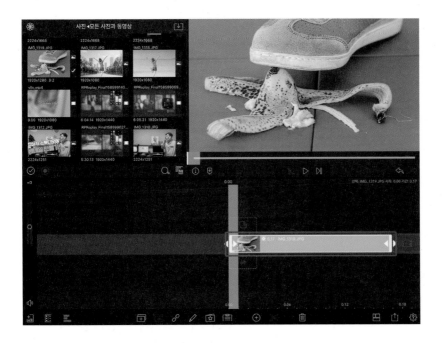

[카페○○ 엔딩 효과]를 사용할 영상을 가져온다.

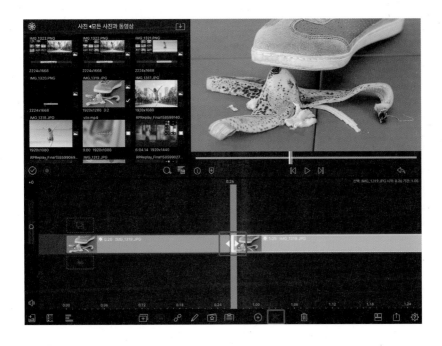

효과를 사용하기 적절한 곳을 찾아서 [분할] 버튼으로 영상을 분할한다.

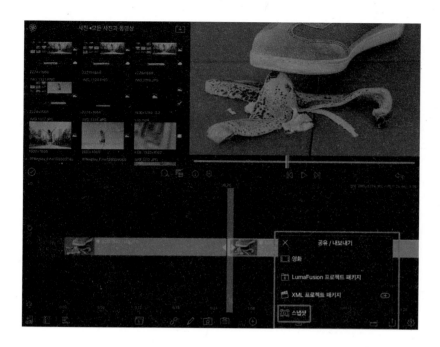

[렌더링] 버튼을 눌러 [스냅샷]을 클릭해 해당 장면을 이미지로 저장한다.

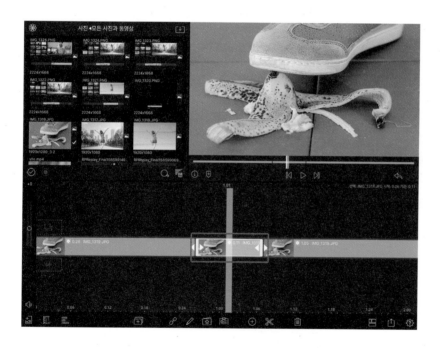

저장한 이미지를 자른 영상 사이에 가져온다.

가져온 사진 위에 하단 배너가 될 이미지를 넣어 준다. 유행하는 영상처럼 [카페○○] 배너를 사용해도 되고, 위 사진처럼 직접 자신이 디자인한 하단 배너를 이용해도 된다.

불러온 이미지를 클릭하고 연필 모양의 [클립 편집] 버튼을 눌러 편집 화면으로 이동한다.

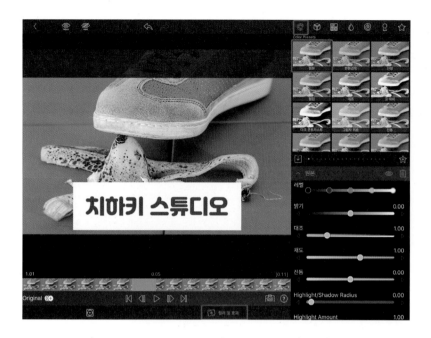

[컬러 및 효과] 탭의 [컬러 프리셋] 항목에서 [원본]을 클릭한다.

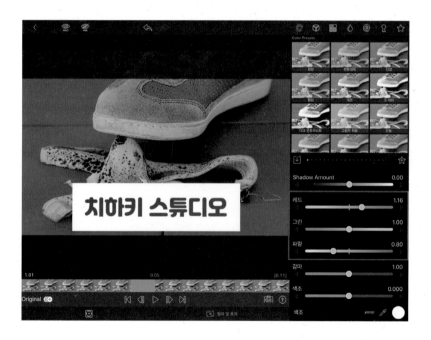

하단의 [레드] 부분과 [파랑] 부분의 수치를 적절히 조절하여 영상의 색감이 갈색을 띠도록 만들
어 준다. 갈색이 마음에 들지 않는다면 원하는 느낌으로 직접 보정해 보자.

여기까지 완료했다면 [카페○○ 엔딩 효과]가 완성된다.

인싸 예능 영상 만들기 4탄 [분신술 효과]

분신술 효과는 한 영상에 똑같은 사람이 2명 또는 3명이 나오는 효과를 말한다. 이 효과는 TV 예능뿐만 아니라 광고에서도 많이 사용되는 효과이다.

이 효과는 화면에 똑같은 사람 2명이 나와 2번의 촬영을 거쳐야 한다. 그뿐만 아니라 촬영 시 꼭 지켜야 할 사항도 있다.

첫 번째는 사진처럼 촬영한 두 영상이 화면을 반으로 나누었을 때 그 반쪽을 넘어가지 않게 촬영해야 한다는 것이다. 피사체가 화면의 절반 영역을 침범하게 되면 자연스러운 영상이 완성되기 힘들다.

두 번째는 촬영 시 카메라를 반드시 삼각대 등에 고정하여 촬영해야 하며, 노출과 초점 또한 고정하여 촬영해야 한다. 촬영 시 피사체에 따라 초점 거리를 자동으로 맞추거나 노출을 자동으로 설정하게 되면 배경의 색감이나 크기가 미세하게 달라지니 이 부분을 반드시 지켜서 촬영해야 한다.

촬영한 두 개의 영상을 가져온다.

한 화면에 2명이 나오도록 편집할 부분 위 트랙에 겹치도록 위치를 이동시킨 후, 위 트랙에 있는 영상 클립을 클릭하고 연필 모양의 [클립 편집] 버튼을 눌러 편집 화면으로 이동한다.

[프레임 및 맞춤] 탭에서 [자르는 중] 항목으로 이동한다.

[우측 잔여물] 수치를 조절하여 영상의 반을 잘라 준다. 그렇게 되면 잘린 영상 뒤로 메인 트랙에 겹쳐 있던 아래 영상이 보이며 한 화면에 2명의 같은 사람이 보이게 된다.

여기까지 진행했다면 한 화면에 2명이 나오는 [분신술 효과]가 완성된다.

인싸 예능 영상 만들기 5탄 [게임 영상 및 리액션 영상 만들기]

유튜브에서 예능 영상만큼이나 사랑받는 영상이 있다. 바로 게임 영상이다. 보통 게임을 주제로 영상을 업로드하는 유튜버들은 화면 전체에는 게임 영상이 나오도록 설정하고, 화면의 한쪽에 자신의 얼굴이 나오도록 화면을 구성하여 영상을 업로드한다.

마찬가지로 많은 사랑을 받는 K-POP 리액션 영상은 게임 영상과 반대의 형태로 되어 있다. 화면 전체에 자신의 리액션이 담기도록 설정하고, 화면의 한쪽에 K-POP 영상이 나오도록 화면을 구성한다.

두 영상의 공통점은 한 화면에 2개의 영상이 동시에 재생된다는 점이다. 한 화면에 2개의 영상이 나오도록 하는 방법, 지금부터 배워 보자.

먼저 메인 트랙에 게임 화면을 촬영한 영상을 가져온다.

그 위로 1번 트랙에 얼굴을 촬영한 영상을 겹쳐지도록 배치한다.

1번 트랙에 있는 영상을 클릭하고 연필 모양의 [클립 편집] 버튼을 눌러 편집 화면으로 이동한다.

[프레임 및 맞춤] 탭의 [자르는 중] 항목으로 이동한다.

사용할 만큼만 영상을 잘라 준다. 화면 전체를 사용할 생각이라면 이 과정은 생략해도 된다.

[크기 및 포지션] 항목으로 이동한다.

얼굴이 나오는 영상을 화면의 구석으로 이동한다. 사진에서는 우측 하단으로 이동시켰지만, 본
인이 배치하고 싶은 적절한 곳에 배치하면 된다.

여기까지 진행했다면 [게임 영상]이 완성된다.

영상 클립의 트랙만 바꿔 똑같이 진행하면 리액션 영상의 화면 구성을 만들 수 있다.

5. 밋밋한 영상은 싫다! 멋진 트랜지션 만들기

영상에서 아주 중요한 요소 중 하나가 바로 트랜지션이다. 루마퓨전에서 기본적으로 제공되는 트랜지션을 적용하는 방법은 앞서 배웠을 것이다. 지금부터는 더 멋지고, 더 화려한 트랜지션을 직접 만들어 보자.

줌 인/줌 아웃 트랜지션

아마 수많은 트랜지션 중 가장 멋진 트랜지션을 꼽으라고 한다면 절대 빠지지 않고 나오는 트랜지션이 바로 줌 인, 줌 아웃 트랜지션이다. 그만큼 많은 사람이 사용하고 있고, 사용하고 싶어 한다. 먼저 줌 인 트랜지션을 만드는 방법에 대해 알아보자.

트랜지션을 적용할 첫 번째 영상을 가져온다.

트랜지션을 적용할 두 번째 영상을 첫 번째 영상 뒤에 배치한다.

먼저 첫 번째 영상을 클릭하고, 두 번째 영상과 닿아 있는 부분을 일정 길이만큼 잘라 준다. 잘라 준 영상의 길이에 따라 트랜지션의 길이가 결정된다. 일반적으로는 10프레임 정도 자르는 것이 적당하다.

마찬가지로 두 번째 영상을 클릭하고 첫 번째 영상과 닿아 있는 부분을 일정 길이만큼 잘라 준다. 일반적으로는 10프레임 정도 자르는 것이 적당하다.

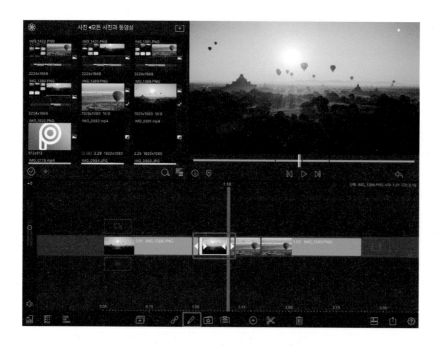

첫 번째로 잘라 준 영상을 클릭하고 연필 모양의 [클립 편집] 버튼을 눌러 편집 화면으로 이동한다.

[컬러 및 효과] 탭에서 [왜곡] 항목으로 이동한다.

[왜곡] 항목의 [Pinch] 기능을 클릭하여 효과를 적용한다.

영상의 첫 장면에 키 프레임을 추가하고 수치를 사진과 같이 맞춰 준다. [반경]의 수치는 약 0.1 정도로 두고, [축척]과 [혼합] 수치를 0으로 만든다. 책에서는 수치를 사진과 같이 조절하라고 이야기하지만, 물론 원하는 느낌에 따라 스스로 수치를 조절하는 것이 가장 좋다.

영상의 3분의 1 지점에 키 프레임을 하나 더 추가하고 [축척]의 수치를 조금 높여 준다.

영상의 3분의 2 지점에 키 프레임을 하나 더 추가하고 반경과 축척을 조절한다.

영상의 마지막 장면에 키 프레임을 추가하고 반경과 축척을 조절한다.

[블러] 항목으로 이동하여 [Zoom Blur] 기능을 적용한다.

영상의 첫 장면에 키 프레임을 추가하고 [수량]의 수치를 사진과 같이 조절한다.

영상의 3분의 1 지점에 키 프레임을 추가하고 [수량]의 수치를 사진과 같이 조절한다.

영상의 3분의 2 지점에 키 프레임을 추가하고 [수량]의 수치를 사진과 같이 조절한다.

영상의 마지막 장면에 키 프레임을 추가하고 [수량]의 수치를 사진과 같이 조절한다.

여기까지 완료했다면 [줌 인 트랜지션] 첫 번째 영상의 작업이 완료되었다.

두 번째로 잘라 준 영상을 클릭하고 연필 모양의 [클립 편집] 버튼을 눌러 편집 화면으로 이동한다.

[컬러 및 효과] 탭에서 [왜곡] 항목으로 이동한다.

[왜곡] 항목의 [Pinch] 기능을 추가한다.

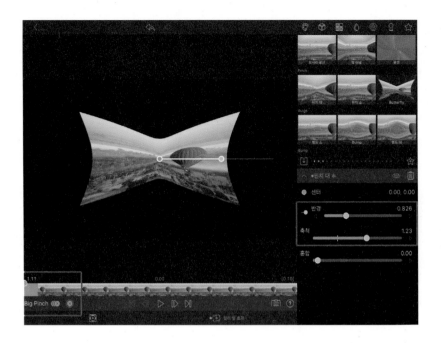

영상의 첫 장면에 키 프레임을 추가하고 [반경]과 [축척]의 수치를 사진과 같이 조절한다.

영상의 3분의 1 지점에 키 프레임을 추가하고 [반경]과 [축척]의 수치를 사진과 같이 조절한다.

영상의 3분의 2 지점에 키 프레임을 추가하고 [반경]과 [축척]의 수치를 사진과 같이 조절한다.

영상의 마지막 장면에 키 프레임을 추가하고 [반경]과 [축척]의 수치를 사진과 같이 조절한다.

[블러] 항목으로 이동하여 [Zoom Blur] 기능을 추가한다.

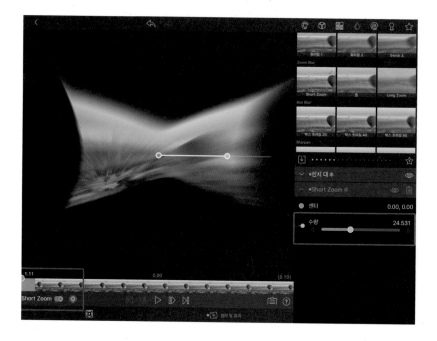

영상의 첫 장면에 키 프레임을 추가하고 [수량]의 수치를 사진과 같이 조절한다.

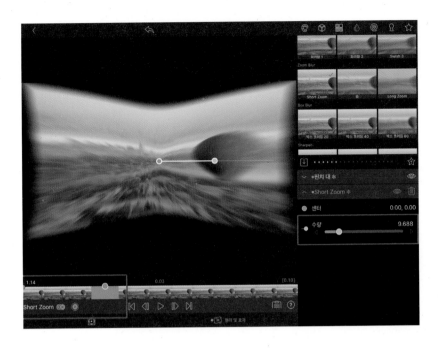

영상의 3분의 1 지점에 키 프레임을 추가하고 [수량]의 수치를 사진과 같이 조절한다.

영상의 3분의 2 지점에 키 프레임을 추가하고 [수량]의 수치를 사진과 같이 조절한다.

영상의 마지막 장면에 키 프레임을 추가하고 [수량]의 수치를 사진과 같이 조절한다. 여기까지 완료했다면 [줌 인 트랜지션]이 완성된다. 영상이 어떻게 전환되는지 확인해 보자.

화면이 전환되기 전 첫 장면이다.

영상이 점점 화면의 중앙으로 빨려 들어가면서 줌 인 되는 효과가 나타난다.

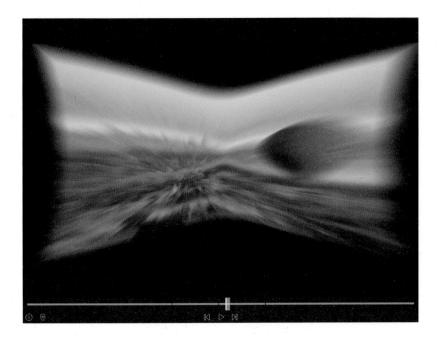

두 번째 장면이 줌 인 되면서 나타난다.

그 다음 두 번째 영상이 정상적으로 재생된다. 이렇게 화면 안으로 빨려 들어가듯 점점 확대되면서 다음 장면으로 전환되는 효과를 [줌 인 트랜지션]이라 한다.

다음으로는 [줌 아웃 트랜지션]을 만들어 보자. [줌 아웃 트랜지션]은 [줌 인 트랜지션]과 정반대의 효과로, 화면 밖으로 빠져나가듯 점점 축소되면서 다음 장면으로 전환되는 효과를 말한다.

첫 번째로 잘라 준 영상을 클릭하고 [클립 편집] 버튼을 눌러 편집 화면으로 이동한다.

[컬러 및 효과] 탭의 [왜곡] 항목으로 이동한다.

[왜곡] 항목의 [Pinch] 기능을 추가한 후, 영상의 첫 장면에 키 프레임을 추가하고 [반경]과 [축척]의 수치를 사진과 같이 조절한다.

영상의 3분의 1 지점에 키 프레임을 추가하고 [반경]과 [축척]의 수치를 사진과 같이 조절한다.

영상의 3분의 2 지점에 키 프레임을 추가하고 [반경]과 [축척]의 수치를 사진과 같이 조절한다.

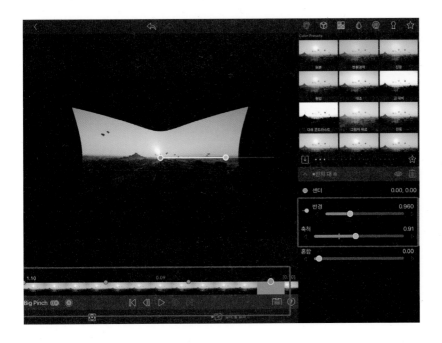

영상의 마지막 장면에 키 프레임을 추가하고 [반경]과 [축척]의 수치를 사진과 같이 조절한다.

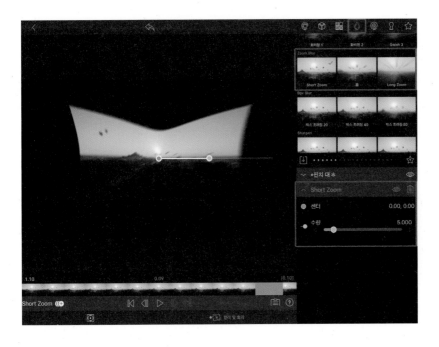

[블러] 항목으로 이동한 후 [Zoom Blur] 기능을 추가한다.

영상의 첫 장면에 키 프레임을 추가하고 [수량]의 수치를 사진과 같이 조절한다.

영상의 3분의 1 지점에 키 프레임을 추가하고 [수량]의 수치를 사진과 같이 조절한다.

영상의 3분의 2 지점에 키 프레임을 추가하고 [수량]의 수치를 사진과 같이 조절한다.

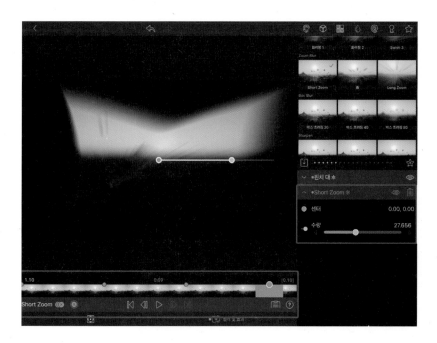

영상의 마지막 장면에 키 프레임을 추가하고 [수량]의 수치를 사진과 같이 조절한다.

두 번째로 잘라 준 영상을 클릭하고 연필 모양의 [클립 편집] 버튼을 눌러 편집 화면으로 이동한다.

[컬러 및 효과] 탭에서 [왜곡] 항목의 [Pinch] 기능을 추가한다.

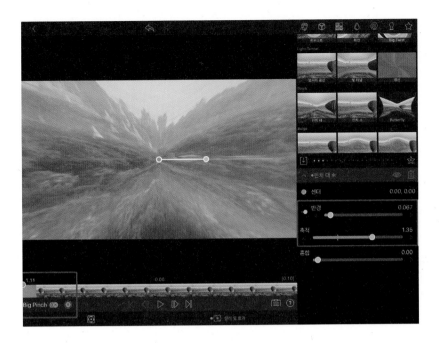

영상의 첫 장면에 키 프레임을 추가하고 [반경]과 [축척]의 수치를 사진과 같이 조절한다.

영상의 3분의 1 지점에 키 프레임을 추가하고 [반경]과 [축척]의 수치를 사진과 같이 조절한다.

영상의 3분의 2 지점에 키 프레임을 추가하고 [반경]과 [축척]의 수치를 사진과 같이 조절한다.

영상의 마지막 장면에 키 프레임을 추가하고 [반경]과 [축척]의 수치를 사진과 같이 조절한다.

[블러] 항목의 [Zoom Blur] 기능을 추가한다.

영상의 첫 장면에 키 프레임을 추가하고 [수량]의 수치를 사진과 같이 조절한다.

영상의 3분의 1 지점에 키 프레임을 추가하고 [수량]의 수치를 사진과 같이 조절한다.

영상의 3분의 2 지점에 키 프레임을 추가하고 [수량]의 수치를 사진과 같이 조절한다.

영상의 마지막 장면에 키 프레임을 추가하고 [수량]의 수치를 사진과 같이 조절한다. 여기까지 완료했다면 [줌 아웃 트랜지션]이 완성된다. 영상이 어떻게 전환되는지 확인해 보자.

화면이 전환되기 전 첫 장면이다.

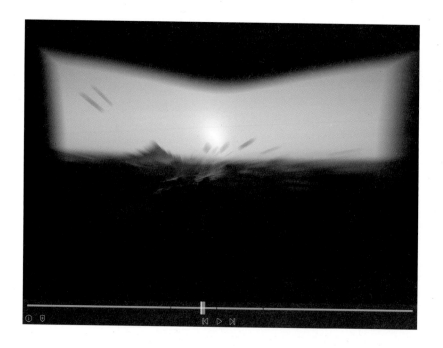

영상이 점점 화면 밖으로 빠져나가면서 줌 아웃 되는 효과가 나타난다.

그 다음 번째 장면이 줌 아웃 되면서 나타난다.

두 번째 영상이 정상적으로 재생된다.

블러 트랜지션

[블러 트랜지션]은 영상이 흐려지면서 화면이 전환되는 효과를 말한다. [블러 트랜지션]에는 여러 가지 종류가 있는데, 그중에서도 대표적인 블러 트랜지션인 [모션 블러 트랜지션]을 알아보자.

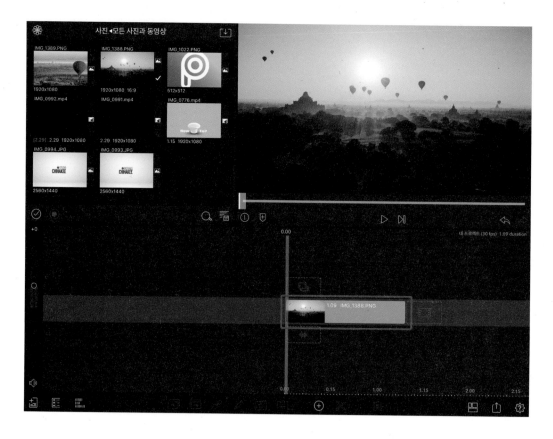

트랜지션을 적용할 첫 번째 영상을 가져온다.

트랜지션을 적용할 두 번째 영상을 첫 번째 영상 다음에 배치한다.

먼저 첫 번째 영상을 클릭하고, 두 번째 영상과 닿아 있는 부분을 일정 길이만큼 잘라 준다. 잘라 준 영상의 길이에 따라 트랜지션의 길이가 결정된다. 일반적으로는 10프레임 정도 자르는 것이 적당하다.

마찬가지로 두 번째 영상을 클릭하고 첫 번째 영상과 닿아 있는 부분을 일정 길이만큼 잘라 준다. 일반적으로는 10프레임 정도 자르는 것이 적당하다.

첫 번째로 잘라 준 영상을 클릭하고 [클립 편집] 버튼을 눌러 편집 화면으로 이동한다.

[컬러 및 효과] 탭의 [블러] 항목으로 이동한다.

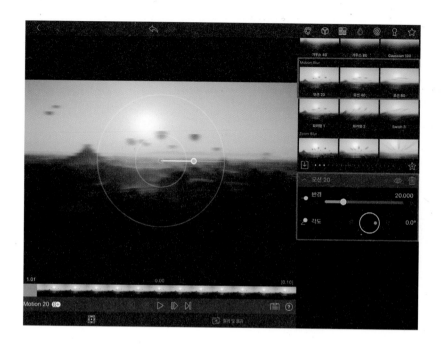

[블러] 항목의 [Motion Blur] 기능을 추가한다.

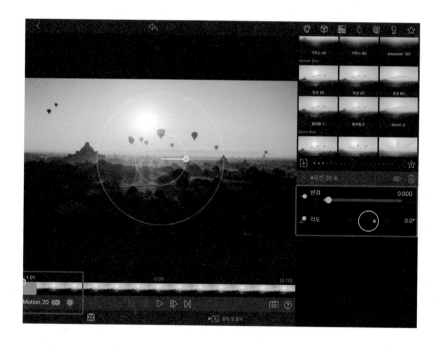

영상의 첫 장면에 키 프레임을 추가하고 [반경]의 수치를 사진과 같이 조절한다.

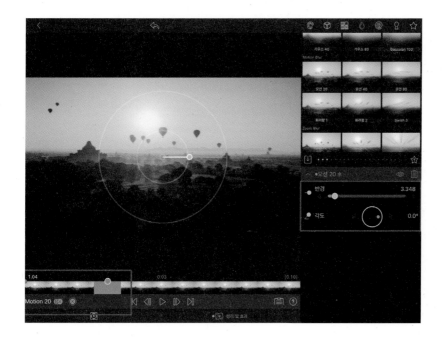

영상의 3분의 1 지점에 키 프레임을 추가하고 [반경]의 수치를 사진과 같이 조절한다.

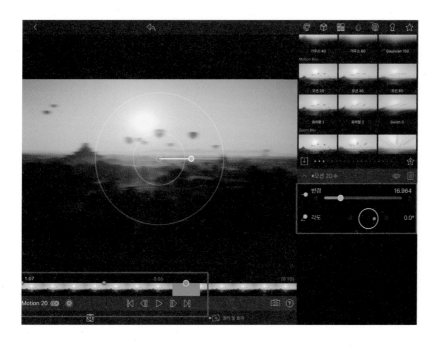

영상의 3분의 2 지점에 키 프레임을 추가하고 [반경]의 수치를 사진과 같이 조절한다.

영상의 마지막 장면에 키 프레임을 추가하고 [반경]의 수치를 사진과 같이 조절한다.

두 번째로 잘라 준 영상을 클릭하고 연필 모양의 [클립 편집] 버튼을 눌러 편집 화면으로 이동한다.

[컬러 및 효과] 탭의 [블러] 항목으로 이동한다.

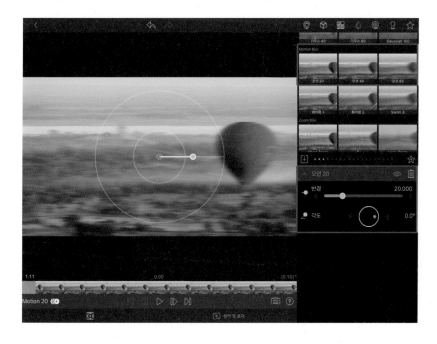

[블러] 항목의 [Motion Blur] 기능을 추가한다.

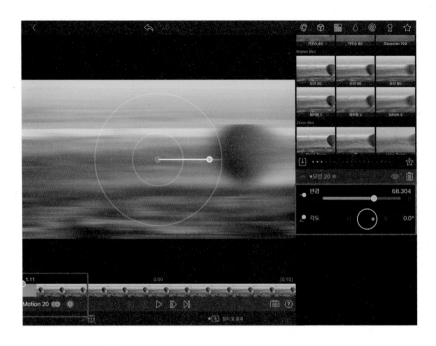

영상의 첫 장면에 키 프레임을 추가하고 [반경]의 수치를 사진과 같이 조절한다.

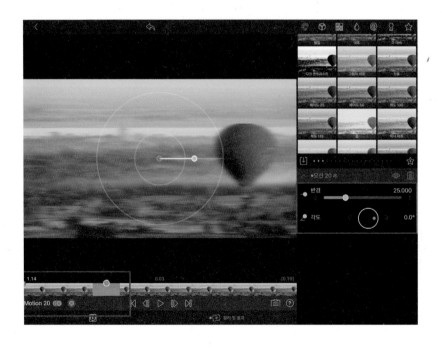

영상의 3분의 1 지점에 키 프레임을 추가하고 [반경]의 수치를 사진과 같이 조절한다.

영상의 3분의 2 지점에 키 프레임을 추가하고 [반경]의 수치를 사진과 같이 조절한다.

영상의 마지막 장면에 키 프레임을 추가하고 [반경]의 수치를 사진과 같이 조절한다. 여기까지
완료했다면 [모션 블러 트랜지션]이 완성된다. 화면이 어떤 식으로 전환되는지 확인해 보자.

화면이 전환되기 전 첫 장면이다.

가로로 모션 블러가 적용되면서 화면이 흐려진다.

그 다음 두 번째 영상이 정상적으로 재생된다.

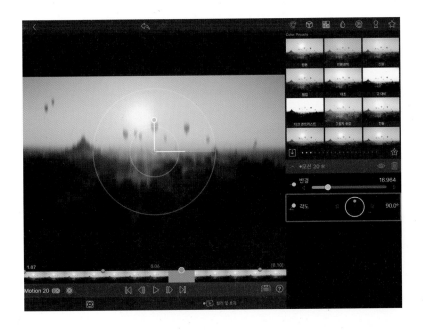

만약 트랜지션을 만드는 과정에서 [각도]의 수치를 90도로 조절하여 진행했다면, 가로가 아닌
세로로 모션 블러가 적용되는 트랜지션이 완성된다.

만약 [Motion Blur] 기능이 아닌 [Zoom Blur] 기능을 이용하여 동일한 과정을 통해 트랜지션
을 만들었다면, [줌 블러 트랜지션]이 완성된다.

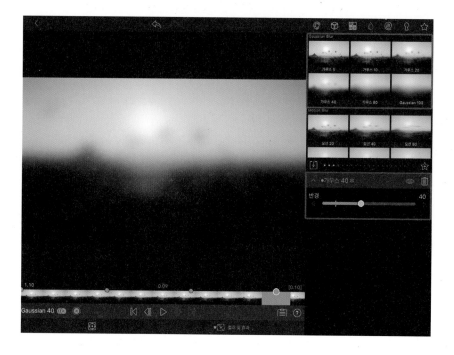

만약 [Motion Blur] 기능이 아닌 [Gaussian Blur] 기능을 이용하여 동일한 과정을 통해 트랜지션을 만들었다면, [가우시안 블러 트랜지션]이 완성된다. 이렇게 [블러 트랜지션]의 경우 어떤 블러 기능을 사용하느냐에 따라 다양한 트랜지션을 완성할 수 있다.

왜곡 트랜지션

[왜곡 트랜지션]은 영상이 왜곡되면서 화면이 전환되는 효과를 말한다. 앞에서 배웠던 [블러 트랜지션]과 마찬가지로, [왜곡 트랜지션] 또한 여러 가지 종류가 있는데, 그중에서도 대표적인 왜곡 트랜지션인 [모자이크 트랜지션]을 알아보자.

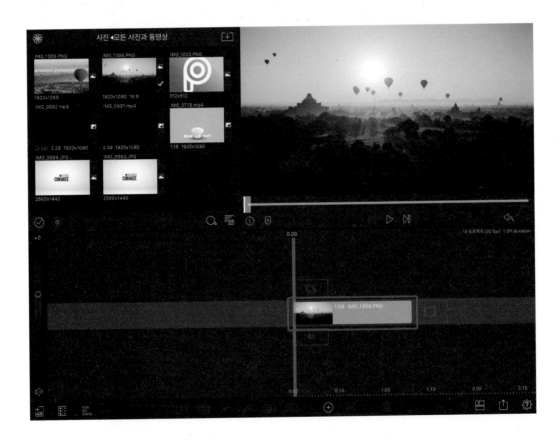

트랜지션을 적용할 첫 번째 영상을 가져온다.

트랜지션을 적용할 두 번째 영상을 첫 번째 영상 뒤에 배치한다.

먼저 첫 번째 영상을 클릭하고, 두 번째 영상과 닿아 있는 부분을 일정 길이만큼 잘라 준다. 잘라 준 영상의 길이에 따라 트랜지션의 길이가 결정된다. 일반적으로는 10프레임 정도 자르는 것이 적당하다.

마찬가지로 두 번째 영상을 클릭하고 첫 번째 영상과 닿아 있는 부분을 일정 길이만큼 잘라 준다. 일반적으로는 10프레임 정도 자르는 것이 적당하다.

첫 번째로 잘라 준 영상을 클릭하고 연필 모양의 [클립 편집] 버튼을 눌러 편집 화면으로 이동한다.

[컬러 및 효과] 탭의 [왜곡] 항목으로 이동한다.

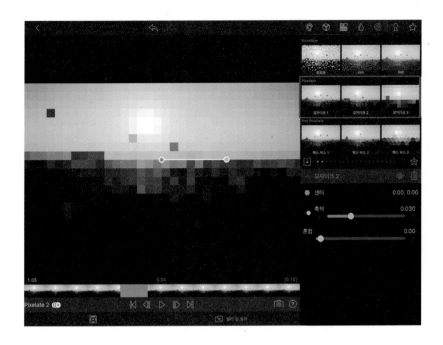

[왜곡] 항목에서 [Pixellate] 기능을 추가한다.

영상의 첫 장면에 키 프레임을 추가하고 [축척]의 수치를 사진과 같이 조절한다.

영상의 3분의 1 지점에 키 프레임을 추가하고 [축척]의 수치를 사진과 같이 조절한다.

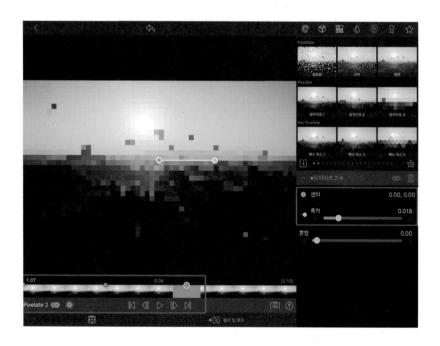

영상의 3분의 2 지점에 키 프레임을 추가하고 [축척]의 수치를 사진과 같이 조절한다.

영상의 마지막 장면에 키 프레임을 추가하고 [축척]의 수치를 사진과 같이 조절한다.

두 번째로 잘라 준 영상을 클릭하고 [클립 편집] 버튼을 눌러 편집 화면으로 이동한다.

[컬러 및 효과] 탭에서 [왜곡] 항목으로 이동한다.

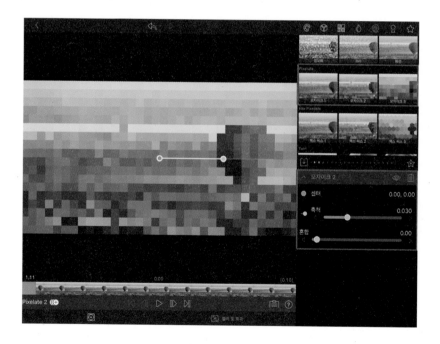

[왜곡] 항목에서 [Pixellate] 기능을 추가한다.

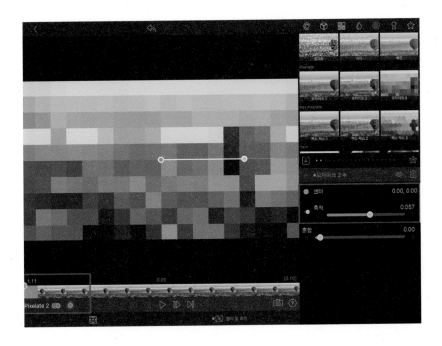

영상의 첫 장면에서 키 프레임을 추가하고 [축척]의 수치를 사진과 같이 조절한다.

영상의 3분의 1 지점에 키 프레임을 추가하고 [축척]의 수치를 사진과 같이 조절한다.

영상의 3분의 2 지점에 키 프레임을 추가하고 [축척]의 수치를 사진과 같이 조절한다.

영상의 마지막 장면에 키 프레임을 추가하고, [축척]의 수치를 사진과 같이 조절한다. 여기까지 완료했다면 [모자이크 트랜지션]이 완성된다. 트랜지션이 어떻게 적용되었는지 확인해 보자.

화면이 전환되기 전 첫 장면이다.

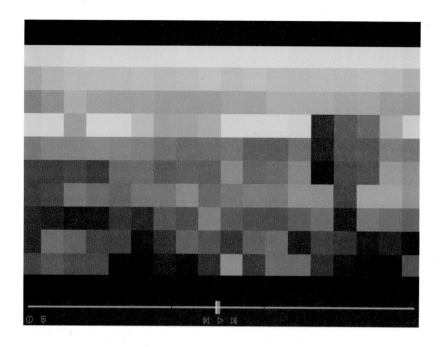

화면이 모자이크되면서 두 번째 장면으로 전환된다.

그리고 두 번째 영상이 정상적으로 재생된다.

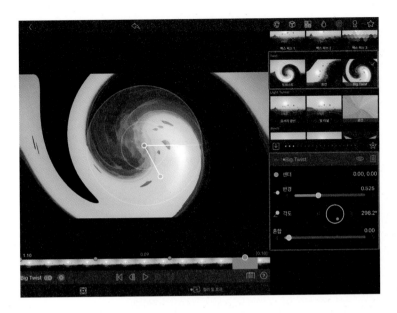

만약 [Pixellate] 기능이 아닌 [Twist] 기능을 이용하여 동일한 과정을 통해 트랜지션을 만들었다면, [트위스트 트랜지션]이 완성된다.

만약 [Pixellate] 기능이 아닌 [Light Tunnel] 기능을 이용하여 동일한 과정을 통해 트랜지션을 만들었다면, [광선 트랜지션]이 완성된다.

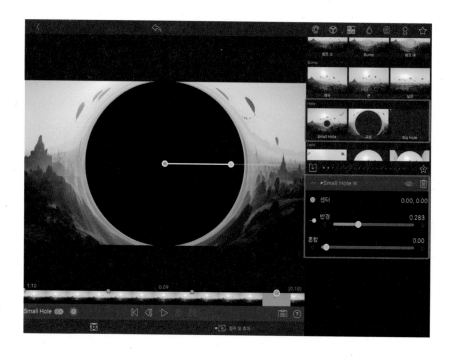

만약 [Pixellate] 기능이 아닌 [Hole] 기능을 이용하여 동일한 과정을 통해 트랜지션을 만들었다면, [홀 트랜지션]이 완성된다.

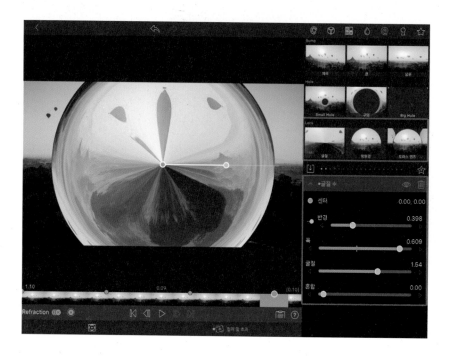

만약 [Pixellate] 기능이 아닌 [Lens] 기능을 이용하여 동일한 과정을 통해 트랜지션을 만들었다면, [렌즈 트랜지션]이 완성된다. 이렇게 [왜곡 트랜지션]의 경우 어떤 왜곡 기능을 사용하느냐에 따라 다양한 트랜지션을 완성할 수 있다.

루마페이드 트랜지션

[루마페이드 트랜지션]은 특정 영역부터 화면이 닦이듯이 전환되는 트랜지션으로, 여행 영상에서 아주 많이 쓰이는 고급 트랜지션이다. [루마페이드 트랜지션]이 어떤 효과인지 잘 모르겠다면, 유튜브에 [루마페이드 트랜지션]이라고 검색해 영상으로 확인해 보자.

트랜지션을 적용할 첫 번째 영상을 가져온다.

트랜지션을 적용할 두 번째 영상을 첫 번째 영상 뒤에 배치한다.

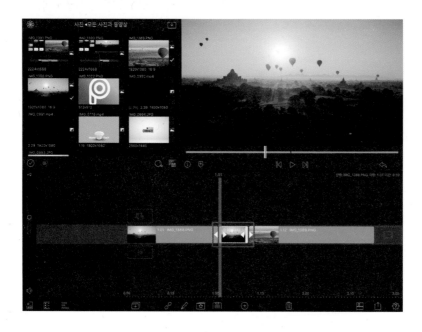

먼저 첫 번째 영상을 클릭하고, 두 번째 영상과 닿아 있는 부분을 일정 길이만큼 잘라 준다. 잘라
준 영상의 길이에 따라 트랜지션의 길이가 결정된다. 보통 10프레임 정도 자르는 것이 적당하다.

마찬가지로 두 번째 영상을 클릭하고 첫 번째 영상과 닿아 있는 부분을 일정 길이만큼 잘라 준다. 일반적으로는 10프레임 정도 자르는 것이 적당하다.

첫 번째로 잘라 준 영상을 두 번째로 잘라 준 영상과 겹치도록 1번 트랙으로 이동시킨다.

첫 번째로 잘라 준 영상을 클릭하고 연필 모양의 [클립 편집] 버튼을 눌러 편집 화면으로 이동한다.

[컬러 및 효과] 탭의 [크로마키] 항목으로 이동한다.

[크로마키] 항목에서 [Green Screen Key] 기능을 추가한다.

먼저 화면을 전환하고 싶은 영역을 선택하고, [Key Color] 기능을 이용해 해당 부분의 색을 지정한다. [Key Color] 우측에 보이는 스포이트 모양의 아이콘을 꾹 누르면 화면에서 원하는 색깔을 직접 추출할 수도 있다.

영상의 첫 장면에 키 프레임을 추가하고 [크로마키]의 수치를 조절한다. [크로마키] 수치의 경우 적용할 영상과 색감에 따라 똑같은 수치라도 전혀 다른 효과가 적용되니 직접 수치를 조절해 보길 추천한다. 첫 장면에서는 되도록 수치 전체를 0으로 두는 것이 좋다.

영상의 3분의 1 지점에 키 프레임을 추가하고 [크로마키]의 수치를 조절한다.

영상의 3분의 2 지점에 키 프레임을 추가하고 [크로마키] 수치를 조절한다.

영상의 마지막 장면에 키 프레임을 추가하고 [크로마키] 수치를 조절한다. 여기서 키 프레임마다 수치를 조절할 때, 사진과 같이 3종류의 수치를 서서히 올리면서 적용해 주면 된다. 여기까지 완료했다면 [루마페이드 트랜지션]이 완성된다. 영상이 어떻게 진행되는지 확인해 보자.

화면이 전환되기 전 첫 장면이다.

하늘 부분부터 화면이 닦이듯이 다음 장면으로 전환된다.

최종적으로 모든 장면이 닦이듯 전환되면서 두 번째 영상이 정상적으로 재생된다.

6. 번외편: 루마퓨전으로 섬네일 만들기

만약 내가 만든, 앞으로 만들 영상들을 소장할 생각이라면 여기까지만 알아도 충분하다. 그러나 만약 유튜브에 내가 만든 멋진 영상을 업로드해 보고 싶다면, 아직 한 가지 관문이 남았다. 바로 [섬네일]이라는 관문이다.

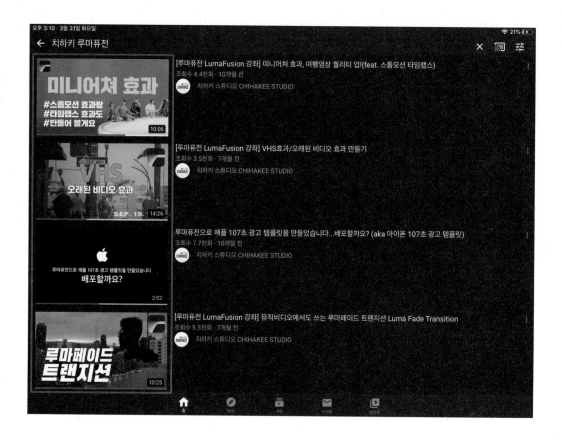

우리는 유튜브에서 영상을 보기 전에 무엇을 하는가? 이 영상이 어떤 영상인지, 내가 보고 싶어 하는 영상인지, 재미있는 영상인지를 먼저 확인하고 판단한다. 영상의 제목으로도 판단하겠지만, 영상의 제목보다도 먼저 우리 눈에 들어오는 것이 바로 섬네일이다. 쉽게 말해 섬네일은 내 영상이 어떤 내용을 다루는 영상인지를 알려 주는 [미리 보기 이미지]이다. 즉, 유튜브에 영상을 업로드할 때는 편집한 영상뿐만 아니라 섬네일도 만들어야 한다는 이야기이다.

섬네일은 영상이 아닌 이미지라 영상 편집 프로그램이 아닌, 포토샵과 같은 별도의 이미지 편집 프로그램을 사용하는 것이 일반적이다. 하지만 걱정하지 않아도 된다. 루마퓨전으로는 섬네일을 만드는 것도 가능하다. 루마퓨전으로 섬네일까지 모두 정복해 보자.

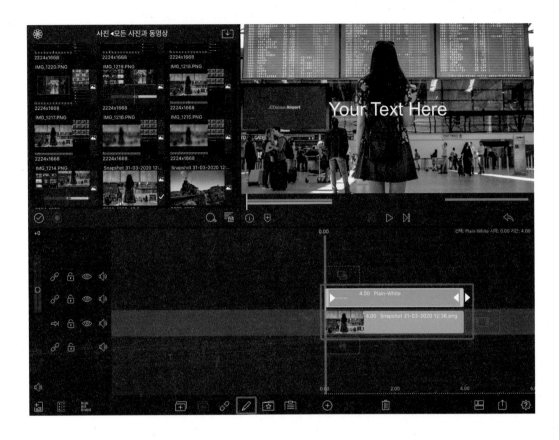

텍스트 레이어를 추가한 후 연필 모양을 눌러 [클립 편집] 화면으로 이동한다. 텍스트 레이어를 추가하는 방법이 기억나지 않는다면 2장의 [자막 삽입 및 꾸미기]에서 확인 가능하다.

영상의 주제를 한눈에 볼 수 있도록 자막을 작성하고 디자인한다. 자막 디자인하는 방법이 기억 나지 않는다면 2장의 [자막 삽입 및 꾸미기]에서 확인 가능하다.

자막 작업을 완료했다면 [렌더링] 버튼을 눌러 준다.

하단의 [스냅샷] 버튼을 눌러 주면, 현재 미리 보기 화면에 보이는 장면을 캡처해서 이미지 파일로 저장해 준다. 해당 이미지를 섬네일로 사용하면 된다.

에필로그

지금까지 핸드폰으로 멋진 영상을 만드는 방법에 대해 배웠고, 여기까지 왔다면 이제 여러분들은 충분히 멋진 영상을 만들어 낼 수 있을 것입니다. VLOG도 멋지게 만들어 낼 수 있을 것이고, 고퀄리티 여행 영상도 만들 수 있을 것입니다.

"그러나 우리는 이제 막 걸음마를 떼었을 뿐이다."

여러분들은 이제 막 걸을 수 있게 되었을 뿐입니다. 다시 말하면, 이제 겨우 영상을 만들 수 있게 되어 편집이라는 광활한 우주에 발을 들여놓았을 뿐입니다. 앞으로도 여러분들이 만들 수 있는 편집 기술, 효과는 무궁무진하게 많다는 것이죠.

유튜브 채널 [치하키 스튜디오]는 100개가 넘는 루마퓨전 강의 영상과 각종 무료 템플릿, 무료 프리셋들을 공유하는 국내 최고의 모바일 영상 편집 강의 채널입니다. 루마퓨전 강의뿐만 아니라, 루마퓨전과 함께 사용하여 영상의 퀄리티를 더욱 높일 수 있는 추가 어플들에 대한 강의도 이루어지고 있습니다.

이제 막 걸을 수 있게 되었다면, 앞으로 여러분들은 뛰는 법도 배워야 하고, 점프하는 법도 배워야 하고, 춤추는 법도 배워야 합니다. 책은 여기서 끝났는데 어디서 배워야 할까요? 유튜브 채널 [치하키 스튜디오]에서 여러분이 뛰고, 달리고, 춤출 수 있도록 도와드리겠습니다.

찾아보기

처음 만나는 루마퓨전

모바일로 쉽게 배우는 영상 편집

초판 1쇄 발행   2020년 5월 29일

지은이   이재면
펴낸이   김범준
기획/책임편집   이동원
교정교열   이혜원
편집디자인   김민정
표지디자인   김환, 김민정

발행처   비제이퍼블릭
출판신고   2009년 05월 01일 제300-2009-38호
주 소   서울시 중구 청계천로 100 시그니쳐타워 서관 10층 1011호
주문/문의   02-739-0739   팩스 02-6442-0739
홈페이지   http://bjpublic.co.kr 이메일 bjpublic@bjpublic.co.kr

가 격   24,000원
ISBN   979-11-90014-96-0
한국어판 © 2020 비제이퍼블릭